历史穿越报

一统天下 秦始皇

中国第一个皇帝

冰心儿童图书奖获得者 **彭凡** 著

化学工业出版社
·北京·

前言

如果你想了解一个人，就和他一起吃饭、聊天、逛街，关注他的朋友、他的敌人，以及他周围的一切。可是……

如果他是一位古代帝王，该怎么办?

很简单，坐上我们的时光机，回到他生活的年代，和他一起吃饭、聊天、逛街，关注他的朋友、他的敌人，以及他周围的一切。

当你回到古代，你会发现，原来古人也和我们一样，也要工作、学习和娱乐，也爱美食、八卦和明星。

你会发现，你想了解的人，也正是大家热烈讨论的那个人。

你会发现，当时的好多新闻、八卦都与他有关。

你会发现，就连广告中也处处都有他的身影呢。

武则天刚刚发布了一则公告，要在全国进行大改，年号要改，旗帜要改，衙门名称、官职名称等都要改，连都城的名字也要改，话说她这是要登基当女皇的节奏吗?

朱元璋正在招兵买马，小编穿穿刚好会几招三脚猫功夫，要不要报名去试试?

一个通讯员告诉我们，唐太宗李世民又和魏征在大殿上争得面红耳赤了，我们要不要偷偷把这个镜头拍下来呢?

……

现在，你是不是迫不及待想回到古代，在第一时间内了解这些新闻和八卦呢？别急，我们已经派人穿越了，将你想知道的一一记录下来，刊登在《历史穿越报》上。

这套《历史穿越报》一共十本，分别详细记录了汉武帝、唐太宗、武则天等十位帝王的成长历程。每本《历史穿越报》有十二期，一月一期。为了方便大家阅读，我们将它做成合订本。每期报纸中都有五花八门的新闻、八卦、访谈、广告、漫画，让你目不暇接。

我们的记者队伍非常庞大，分布在全国各地。有一部分人喜欢专门记录重大事件，我们将这些稿件放在“叱咤风云”栏目。

我们还有一批勤奋的通讯员，每天穿梭在各大茶馆。他们可不是去喝茶哦，而是为了搜集百姓的八卦、言论，给“百姓茶馆”栏目准备素材。

我们还设立了一个“鸿雁传书”栏目，古人有什么困扰、烦恼，统统都可以通过来信告诉我们，小编穿穿会一一耐心回复哦！

我们还有一位大嘴记者，名叫越越，专门负责采访当时最杰出或者最有争议的人物。他是一个胆大包天的家伙，就算是皇帝也要刁难一下，古人们可要做好准备了！

当然，我们还有“广告铺”栏目，欢迎大家刊登广告，价格从优哦！

最后，希望大家在看完这份报纸后，不仅能读懂帝王们的一生，还能从中获得知识、经验与勇气，让我们的穿越功夫没有白费。

第1期 乱世王孙

第2期 幼主登基

第3期　吕相下台

第4期　韩赵悲歌

第5期 荆轲刺秦

第6期 一统山河

第7期　始皇之治

第8期　大兴土木

第9期　焚书坑儒

第10期　巡游天下

第11期　始皇之死

第12期　秦朝灭亡

第1期

公元前267年—公元前249年

乱世王孙

秦昭皇帝

穿越报

CHUANYUE BAO

【烽火快报】

- 太子的儿子成了人质

【叱咤风云】

- 漂泊异乡的异人
- 商人当起了“外交官”
- 一次不寻常的家宴
- 抛妻别子，异人逃之夭夭
- 异人（子楚）当上了秦王

【文化广场】

- 有钱人为何被人瞧不起？

【名人有约】

- 特约嘉宾：吕不韦

【广告铺】

- 拍卖楚服啦
- 寻找九鼎
- 关于选聘太子师傅的通知

穿越必读 CHUANYUE BIDU

战国末年，经历长年战乱，只剩下七个诸侯大国。其中秦国发展最快，在秦昭襄王期间，实力空前的强大。秦始皇嬴政就在这样的背景下出生了，作为我国历史上第一个皇帝，第一个完成华夏大一统的铁腕人物，他有着什么样的童年呢？

太子的儿子成了人质

——来自咸阳的加急快报

公元前267年，秦国传出一个爆炸性的消息，太子去世了！

有人说，太子是愁死的！原因是秦昭襄王已经六十多岁了，在位已经将近五十年，身体还是那么康健。眼看着自己的头发都熬白了，自家的老头子却还是整天神采奕奕，太子能不愁吗？

太子这一死，老秦王的二儿子原本在赵国当质子的安国君便回国当太子了。秦国要派人顶替他，继续做质子。

什么叫质子呢？这些年来，秦、齐、楚、燕、赵、韩、魏各诸侯国之间战火不断，有的打了又和好，和好之后又开始打，很不守信用。为了表示履行条约，各国就派人去对方国家做人质（即质子），而质子一般都是国君的儿子。

安国君妻妾成群，儿女众多，光儿子就有二十多个，既然是做质子，当然是选不怎么喜欢的儿子了。选啊选啊，异人进入了安国君的眼帘。

异人是安国君排行中间的儿子，他的母亲夏姬不怎么受宠，因此他也不怎么受待见。就这样，异人“有幸”中标，被派往赵国都城邯郸。

漂泊异乡的异人

人质是不好当的。表面上是做客，实际上因为秦赵两国不停地打仗，打起仗来，赵国又老打不赢。打不赢，吃了亏，气没处撒，也就不把异人当做客人了。

因此，异人在赵国的日子过得比较艰辛，乘坐的马车寒酸不说，日常的家用也都不富足，就连天冷时御寒的衣服都没有，甚至还可能有生命危险，心中好不郁闷。就在这时，他遇到了命中的贵人——吕不韦。

吕不韦是韩国的一个大商人，拥有万贯家产。因为经常去邯郸做生意，发现了异人，觉得非常可惜，自言自语地说："此奇货可居也！"意思是把异人当作珍奇的物品贮藏起来，等候机会，就能卖个大价钱。

于是他怀着激动的心情去拜访异人，开门见山地说："在下能光大公子的门庭。"

异人觉得很搞笑，自己是庶子，又不受父亲待见，怎么会光大门庭呢？况且，吕不韦虽然有钱，也不过是个商人。士农工商，商人排在最后，一身的铜臭味。异人有点瞧不起他，于是笑着说："你还是先让你自己的门庭光大吧。"

吕不韦不紧不慢地说："在下的门庭要等到公子的门庭光大了，才能光大起来。"

异人大吃一惊，立刻一改原来傲慢的态度，把吕不韦恭恭

敬敬地引入密室，屏退众人，问道："那我应该怎么办呢？"

吕不韦开始娓娓道来："老国君已经老了，您的父亲是太子，应该很快会即位，太子最宠爱的是华阳夫人，可华阳夫人又没有儿女。公子兄弟二十余人中，没有一个人得宠。您排行居中，不太受重视，又长久在外做质子。一旦太子即位，您很难和那些早晚在君王面前的兄弟相争。"

异人沮丧地说："是这样啊，但有什么办法呢？"

吕不韦说："现在公子没有钱，没有办法去结交宾客，争取他人的支持。在下虽然不算富，但愿意拿出千金为您到华阳夫人那里去游说，让她立您为继承人。"

异人听了，十分激动，似乎看到一幅锦绣蓝图正展现在他面前，于是拜谢道："假如我能得到秦国，一定和你共享！"

吕不韦于是果断地拿出五百金送给异人，作为日常生活和结交宾客之用，以抬高自己的身价；又拿出五百金买珍奇玩物，赶到了秦国。

商人当起了“外交官”

吕不韦虽然有钱，但地位低下，想直接入宫拜见华阳夫人，是根本不可能的。聪明的他扮作一个珠宝商人，见到了华阳夫人的弟弟阳泉君。

阳泉君准备购买他的珠宝时，他说：“阁下将有灭身之灾，居然还有心情购买珠宝？”

阳泉君一听，勃然大怒。吕不韦却不慌不忙地说：“请恕小人直言。阁下对秦国根本没有什么功劳，却大权在握，富压群臣，这不过是因为安国君宠爱华阳夫人罢了。但华阳夫人至今没有子嗣，日后必定失势，大人到时又该怎么办呢？”

阳泉君顿时哑口无言，连忙向吕不韦请教。

吕不韦说：“自古以来，用美色得宠的，一旦年华老去，美貌不再，宠爱也就跟着减少了。在受宠的时候不做好打算，一旦不受宠了，再做打算就晚了。眼下夫人正受宠，若此时在诸子中选一个靠谱的收为自己的养子，并让安国君立为嫡子，安国君一定会听从。他日登位之后，此子必为太子，到那时，夫人便可得到两代秦王的庇护，阁下的地位也就稳若泰山了。”

阳泉君连连点头：“说得极是。只是安国君的儿子，都有各自的母亲，谁肯被华阳夫人收养呢？”

吕不韦这才说："在下在赵国经商，听说公子异人德才兼备，常常思念秦国和夫人。他自知自己在诸子中排位居中，母亲又不受宠，他身居国外，孤立无援，愿意依附夫人。夫人如果选择异人为嫡子，将来立为太子，则异人无国而有国，夫人无子而有子，到那时，秦国的事，还不是夫人和阁下说了算？"

接着，吕不韦又用同样的方法，说动了华阳夫人的姐姐，并把带来的珠宝统统献给了华阳夫人。

华阳夫人也被打动了，找了个机会，在安国君面前说了一大通异人的好话，然后哭诉说："我有幸能得到国君的宠爱，可是却没有儿子，日后没有依靠。国君如果怜惜我，就让我收异人为养子，立他为继承人吧。"

安国君哪里见得了心爱的人流泪，连忙答应。为了防止他变卦，华阳夫人还让他刻下了玉符，正式立约，确定了异人的嫡嗣地位。

而这一切都是"外交官"吕不韦的功劳。

一次不寻常的家宴

托吕不韦的福当上嫡子后，异人从此对吕不韦言听计从，非常信任他。两个人经常到对方家里走动走动，小饮几杯。

有一次，吕不韦设家宴邀请异人来家里做客。两个人喝到酒酣耳热时，吕不韦招他的姬妾赵姬出来献舞。

赵姬一出来，异人的眼珠子就一刻也没离开过她。此女不但长得美貌动人，跳起舞来更是婀娜多姿，让人目眩神迷。

异人立即喜欢上了她，他不顾自己国君嫡子的身份，端起酒杯敬了吕不韦一杯，然后厚着脸皮说："能不能将这位美人送给我做妻子？"

吕不韦没想到异人竟然打自己女人的主意，大吃一惊，脸马上沉了下来，一时间气氛十分紧张。

不过片刻，吕不韦转念又一想，"我已经在他身上投资了这么多，再多给他一个女人又如何？"想到这，他哈哈一笑，说道："既然你喜欢，那就送给你好了。"

异人听了非常高兴，开开心心地牵着赵姬回家了。没多久，赵姬有了身孕，十二个月后（即公元前259年），生下了一个男娃，取名叫赵政（即后来的秦始皇），赵姬被异人立为夫人。

拿去花吧！

拿去玩吧！

给你当老婆吧。

我把秦国分你一半！

秦国
地图

他的生父是谁？

张老三：你们听说过没有？赵政不是异人的儿子，而是吕不韦的儿子。据说这个女人是吕不韦的小妾，嫁给异人的时候已经怀孕了！

徐老五：嘘，这事可不许胡乱说啊！不过我倒是也听到过一些传闻，说是吕不韦请异人吃饭的时候就有预谋，将怀孕的赵姬请出来跳舞，由于她艳绝天下，所以轻轻松松地吸引了异人，后来便生下了赵政。阴谋啊，阴谋！

王木匠：我觉得这不太可能，赵姬怀孕的时候也看不出是男是女，万一生出个女孩来，那不是一场空吗？再说了赵姬怀孕的事如果让异人知道，那可是天大的罪名，吕不韦能承担得起吗？再借他个胆子也不敢啊！

茶馆老刘：我可是听说赵政是足月出生的，如果这样的话，那绝不可能是吕不韦的儿子啊！除非他在他妈肚子里待了十二个月还不止，这不可能啊，他又不是哪吒！

抛妻别子，异人逃之夭夭

赵政是含着金勺子出生的，因为父亲是嫡子，那他极有可能就是将来秦国的接班人。不过接下来发生了一件事，差点改变他的命运。

这些年来，秦国和赵国连年打仗，赵国节节败退。尤其公元前260年的长平之战中，四十多万生力军被秦军坑杀，赵国不得不割地求和。

然而，赵国虽然答应割地，却迟迟没有履行合约，还联合其他诸侯国一起抗秦。公元前258年，秦昭襄王派军对赵国的都城邯郸进行了围攻，赵国危在旦夕。

赵王一边派平原君到楚国求援，另一边打算杀掉异人，他想你秦国都要灭掉我了，我留着你的人质有什么用呢?

赵政一家要大祸临头了！吕不韦很快就知道了这个消息。

吕不韦拜见赵王，和赵王侃侃而谈："现在这种形势，你们就算杀了异人也没有用，秦国不会为了一个子孙就放弃攻打赵国的计划，还不如放他回去，让他有机会当秦王，他肯定会感激您及赵国的。"但赵王对吕不韦的话毫不动心，一心想杀了异人。

怎么办呢？经过周密的商议，吕不韦和异人决定出逃。

可是邯郸城守卫森严，对异人的看守也更加严密。吕不韦于是掏出六百斤黄金（这是一个极大的数字）收买了看守异人住宅的人员和把守城门的人员，偷偷地带着异人逃走了。

两个夫君都逃了，我该如何是好？

穿穿老师：

您好，我是赵姬。您也知道，现在的女人没有什么地位。对我的前夫来说，我只是一件礼品；对我现在的夫君来说，我是他当国君的累赘。

眼下，秦赵两国正在交兵。我的两个夫君齐心协力逃走了。我本想跟他们一起逃，可是他们告诉我钱不够。没办法，我只好和我的孩子继续留在赵国。

赵王得知异人逃了后，很生气，派人四处捉拿我和我的孩子。我和孩子如今是东躲西藏，如丧家之犬，惶惶不可终日。可怜我的孩子，才这么小，就要受这样的苦，为娘的真的觉得很对不起他啊！可是我一个弱女子，又该怎么办呢？

赵姬

夫人：

您好！对您的遭遇，我深表同情。作为一个男人，我为这两个男人的行为感到不耻！

不过，现在气愤也没有用，当务之急还是保全自己和孩子的性命要紧。先带孩子回姥姥家避一避吧！起码您娘家还有点钱，可以暂时庇护您一下。

小孩子从小受点苦没什么。相信您的孩子度过这次劫难，日后必大有作为。

《穿越报》编辑 穿穿

【两岁的赵政被母亲带着躲在姥姥家，逃过了这场劫难。】

异人（子楚）当上了秦王

异人回到秦国后，第一件事就是去向华阳夫人请安。因为华阳夫人是楚国人，吕不韦建议异人穿着楚国人的衣服去晋见。

这一招果然奏效。华阳夫人见了他，心中大喜，认为他很用心，主动亲近他说："我是楚国人。"并亲自替他改名"楚"（即子楚）。

子楚又去向父亲安国君请安，并提出了一些建议。安国君觉得很有道理，对这个儿子的表现很满意，立即宣告："这些儿子中数子楚最能干。"并在之后立他为太子。

公元前251年，年迈体衰的秦昭襄王撒手人寰，安国君于公元前250年正式即位。

只可惜安国君的命太苦，好不容易熬到了当国君，还没高兴几天就去世了。子楚顺理成章地继承了王位（即秦庄襄王）。

赵王一看，子楚都是秦王了，自己再追杀他的妻儿也得不到什么好处，于是做了个顺水人情，派使节和车马将赵姬和赵政送回了秦国。

子楚封华阳夫人为太后，封赵姬为王后，立赵政为太子，并改回嬴姓，也就是嬴政。

这一年，嬴政九岁。

有钱人为何被人瞧不起？

吕不韦腰缠万贯，是个名副其实的有钱人，却被穷得掉渣的子楚奚落了一顿。是子楚自恃王孙，自命清高吗？当然不是，就算你只是一介农民，在吕不韦面前，也是高他一等的。理由很简单，因为他是一个“商人”。

什么是“商人”呢？商人为何低人一等呢？这得从商朝说起。在商朝繁盛时期，一部分商朝人经常到周边地区做买卖。人们就把做买卖的人叫“商人”，把做买卖这种行为叫作“经商”。

到了春秋时期，商人成为一种专门职业，被正式列为“士农工商”。

“士农工商”指的是老百姓主要从事的四种职业。这种先后排序也道出了四种职业的地位。

“士”指的是读书人。为什么读书人排第一位呢？因为“万般皆下品，唯有读书高”，读书人立德于心，功泽于世，被当时的人们所尊敬。

“农”指的是农民。“民以食为天”，吃是人们生活中的头等大事，大家都要靠农民才有

饭吃，因此，农民被排到了第二位。

“工”指的是做工的。“工欲善其事，必先利其器”，借助工具可以大大地提高效率，因此“工”被排到了第三位。

“商”指的是商人。商人是做买卖的，必须依赖别人才能做成。如果大家都去经商，都去依赖别人，那么最后就无人可依赖了。而且商人的本性是逐利，如果人人都想从商，那么社会的风气就会变坏了，因此商人的地位最低。把商人排在“士农工商”四民的末尾，有不禁止但也不提倡的意思。因此，若非万不得已，大家一般不会选择做商人。

随着生产力的发展，商人越来越有钱，甚至比官员的收入还高。他们不再满足于做买卖，而是希望通过钱财换取更高的社会地位，商人吕不韦就是这些人中的一个。

越越 大嘴记者

吕不韦 特约嘉宾

嘉宾简介：现任丞相。原本只是一介商人，虽然家财万贯，但在社会上却没有什么地位。后来因自己独到的眼光，发现了秦国王孙子楚这个巨大的商机，成了一名帝王策划师，为穷困潦倒的秦国王孙铺就了一条闪闪发光的帝王之路。

越　越：您好，吕丞相。能……能……能够见到您，真是太荣幸了。

吕不韦：咳咳，这位记者，怎么像没见过世面似的。有空跟老夫去做做生意，包你练就三寸不烂之舌。

越　越：我哪里比得上丞相，丞相过的桥比我走的路还多呢！

吕不韦：哈哈，最起码见过的人比你多很多了。

越　越：是的是的，所以我有一个问题。当年庄襄王不被所有人所看好，您为什么一心帮助他呢？

吕不韦：哈哈哈，那我先问你，你种过地吗？

越　越：（脸红）家中尚有几亩薄地，偶尔去看一下（其实是度假）。

吕不韦：那我再问你，如果种地的话，可获利几倍呢？

越　越：（擦汗）啊？我数学不好，不过估摸着有十倍左右吧。

吕不韦：要是做珠宝生意，又可获利几倍呢？

越　越：这也说不好——珠宝更值钱，应该有一百倍之多吧。

吕不韦：要是拥立国君呢？

越　越：额，那可就没办法估量了。但是获利越多，投资就越大，风险也越大。这么大的生意，您

家人支持吗？

吕不韦：种田、做生意，辛苦一辈子，也难以丰衣足食。但若是拥立一个君王，建立一个国家，恩惠就可以传到后世。如果换作你，你支不支持我？

越　越：这事不简单，得好好策划策划。

吕不韦：其实也简单，只要走四步就成功了。

越　越：四步？是从这个墙根到那个墙根的距离吗？

吕不韦：（哭笑不得）非也，非也，我说的四步是四个步骤。第一步是说服子楚，第二步是说服华阳夫人，第三步帮助子楚回到秦国，第四步是将子楚送上太子之位。走完这四步，子楚当秦王自然就水到渠成了。

越　越：（竖起大拇指）您真是超级一流的策划师啊！

吕不韦：（志得意满）这是我这辈子最成功的一次策划与运作，也是我做得最成功的一次投资，与读者们分享。

越　越：确实是太成功了！那现在的回报还算满意吧？

吕不韦：（满意地点头）恩，还可以。秦王陛下在河南洛阳专门划出十万户人家，直接归我一人管理，还封我做丞相和文信侯，和我一起共谋秦国大业。

越　越：看来秦王是个信守承诺的人，您很有眼光啊！

吕不韦：这么多年的经营岂能白干，我可是阅人无数哦！要帮助值得帮助的人。

越　越：不过，“伴君如伴虎”，这个生意虽然获利很大，但它的风险也很大，要小心！

吕不韦：现在我已经是一人之下，万人之上了，我还用得着怕谁呢？哈哈！

越　越：丞相大人，我也是好意提醒。“人有旦夕祸福”，听不听那是您的事了。今天采访就到此结束了。

广告铺

拍卖楚服啦

我们将于明天拍卖子楚所穿的楚国服饰，款式新颖，面料上乘，深得华阳夫人的喜爱，用于珍藏可升值数倍。机不可失，失不再来，有意参与拍卖者请到我行登记。

天下第一拍卖行

寻找九鼎

现寻找大禹时期制造的九个大鼎，上面刻有九州的名山大川、奇异之物，象征着国家政权，十分珍贵，周天子去世之后就再也没人见过它。谁发现了这九个鼎请马上和本王联系，本王将重重有赏！

秦昭襄王

关于选聘太子师傅的通知

现招聘太子师傅一名，教授法律、历史、文学方面的知识以及治国安邦的道理，先进行笔试，然后试讲，本次招聘将采取淘汰制，想要报名者请速速和王室督学组联系。

王室督学组

第 2 期

公元前247年—公元前239年

幼主登基

秦始皇秀

穿越报

CHUANYUE BAO

【烽火快报】

· 秦庄襄王薨了！

【绝密档案】

· 秦人的来龙去脉

【叱咤风云】

· 秦国来了个有志青年

· 又去掉了一个心腹大患

【文化广场】

· 一字千金

【名人有约】

· 特约嘉宾：吕不韦

【广告铺】

· 献粮一千石，授爵位一个

· 重金悬赏令

· 招修渠工人

穿越必读 CHUANYUE BIDU

秦庄襄王死后，年仅十三岁的嬴政登上了王位。由于年幼，国家大权都掌握在母后赵姬和相国吕不韦的手中。年纪轻轻的嬴政，能在太后和相国的辅佐下管理好国家吗？

秦庄襄王薨了！

——来自咸阳的加急快报

快报！快报！

公元前247年五月，秦庄襄王薨（hōng）了！这个消息震惊了全国，因为他年仅三十五岁，正值壮年。

虽然他在位仅三年，但也做了不少大事，一是大赦天下，得到了百姓的热烈拥护，二是先后攻打了韩国、赵国，夺下了榆次、狼孟（今山西省阳曲县）等四十多个城，三是派吕不韦率领十万大军一举攻破了东周七邑，铲除了周王朝的残余势力。

不管怎么说，秦庄襄王也算没有虚度此生。

现在，十三岁的嬴政登上了秦王的宝座，三十多岁的赵姬成了太后，如果要调动军队的话，不仅要盖上秦王的玺，还要加盖太后的玺。吕不韦则高居相位，成了嬴政的“仲父”（即仅次于父亲的父辈）。

由于嬴政年龄太小，权力掌握在母后赵姬和吕不韦的手里。

小皇帝虽然不能自己做主，但是身边聚集了一批能臣，除了吕不韦，还有大将军蒙骜（ào）、王龁（hé）等人。在大家的共同努力下，秦国被治理得井井有条。

秦人的来龙去脉

大家都知道，十三岁的小皇帝姓“嬴”。那么，你知道他的祖先是谁，有什么样的故事呢？下面让我们来一一为你揭晓答案。

据说，小皇帝的祖先最早可追溯到传说中“五帝”之一的颛顼（zhuān xū）帝。

颛顼帝有个孙女叫女修，有一天，她在织布，一只玄鸟（即燕子）飞过她的头顶，掉下一颗蛋。女修吃了后，居然生下了一个儿子，并取名叫大业。

大业的儿子大费（又称伯益）是个很能干的人，不但能驯鸟兽，还教会了人们建筑房屋，凿挖水井（民间称他为土地爷）。

大禹治水的时候，他帮了不少忙，因此舜帝赏给他一面带有黑色飘带的旌旗，后来还赐给他一个姓——“嬴”，而大费就是以嬴为姓的第一人。

嬴姓一族在夏商时期，是赫赫有名的富贵人家；到了商朝末年，却因忠于纣王，对抗周朝，成了周朝的奴隶，地位一落千丈。从此，他们被迫远离中原，与夷狄杂居在一起，处境十分艰难。

好在，嬴族的子孙善于养马、驯马。很多年后，一个叫非子的嬴族人，因为把周王室的马养得膘肥体壮，周孝王便把秦地（位于今甘肃省天水市西南）赏给了他。秦人也就成了周朝的“附庸”。

虽然根据周朝的规矩，“附庸”只能依附于大诸侯，没有资格与天子见面，但秦人总算又有了自己的地盘，迈出了改变命运的第一步。

周朝末年，秦人打着周天子的名义，不断讨伐西部游牧民族，既为周天子立了功，又扩大了自己的领地。

周幽王时期，犬戎攻进周朝的都城镐（hào）京。秦襄公因为保卫周王室立了功，战后被正式封为诸侯，并得到了岐山以西的土地。

从此，秦人结束了“附庸”地位，正式建立了秦国，与诸侯国开始平起平坐。

由于长期与夷狄杂居，秦人一方面像游牧民族一样凶悍、勇猛，另一方面又像中原人一样文明、智慧。在几代秦公的合力治理下，秦国得到了空前的发展，跃居“战国”第一强国。

从贵族到奴隶，再从奴隶到贵族，秦国的一步步强大，仿佛让人看到了一统天下的大门正在缓缓向十三岁的秦王嬴政敞开……

秦国来了个有志青年

秦庄襄王刚刚去世，秦朝上下还沉浸在哀痛之中。为了辅佐幼君，相国吕不韦到处招揽人才。

在多达三千的门客中，一位年轻人吸引了吕不韦的注意。这位年轻人名叫李斯，虽出身贫寒，却满腹经纶，对治国安邦有着自己独特的见解。在吕不韦的举荐下，李斯被任命为郎官，进入宫廷。

李斯本是楚国上蔡人，为何远离故土，千里迢迢来为秦国效力呢?

原来，李斯在楚国时，只是一个掌管文书的小吏，但他一直很想干一番大事业。有一次他去上厕所，看到厕所的老鼠，又瘦又小，浑身脏兮兮的，见人就逃。而粮仓里的老鼠呢，一个个优哉地在谷堆里嬉戏。

于是，他发出了这样的感慨："一个人有没有出息，就像这老鼠一样，是由他所处的环境决定的。"

为了实现自己的志向，他毅然辞去了小吏的工作，去齐国求学，拜著名的儒学大师荀子为师，学习"帝王之术"。

八年后，李斯圆满地完成了学业。经过深思熟虑，他认为楚地虽然是自己的家乡，但楚王无所作为，其他各国也在走下坡路，只有秦国励精图治、蒸蒸日上，有称霸天下的雄心，便辞别老师，来到秦国。

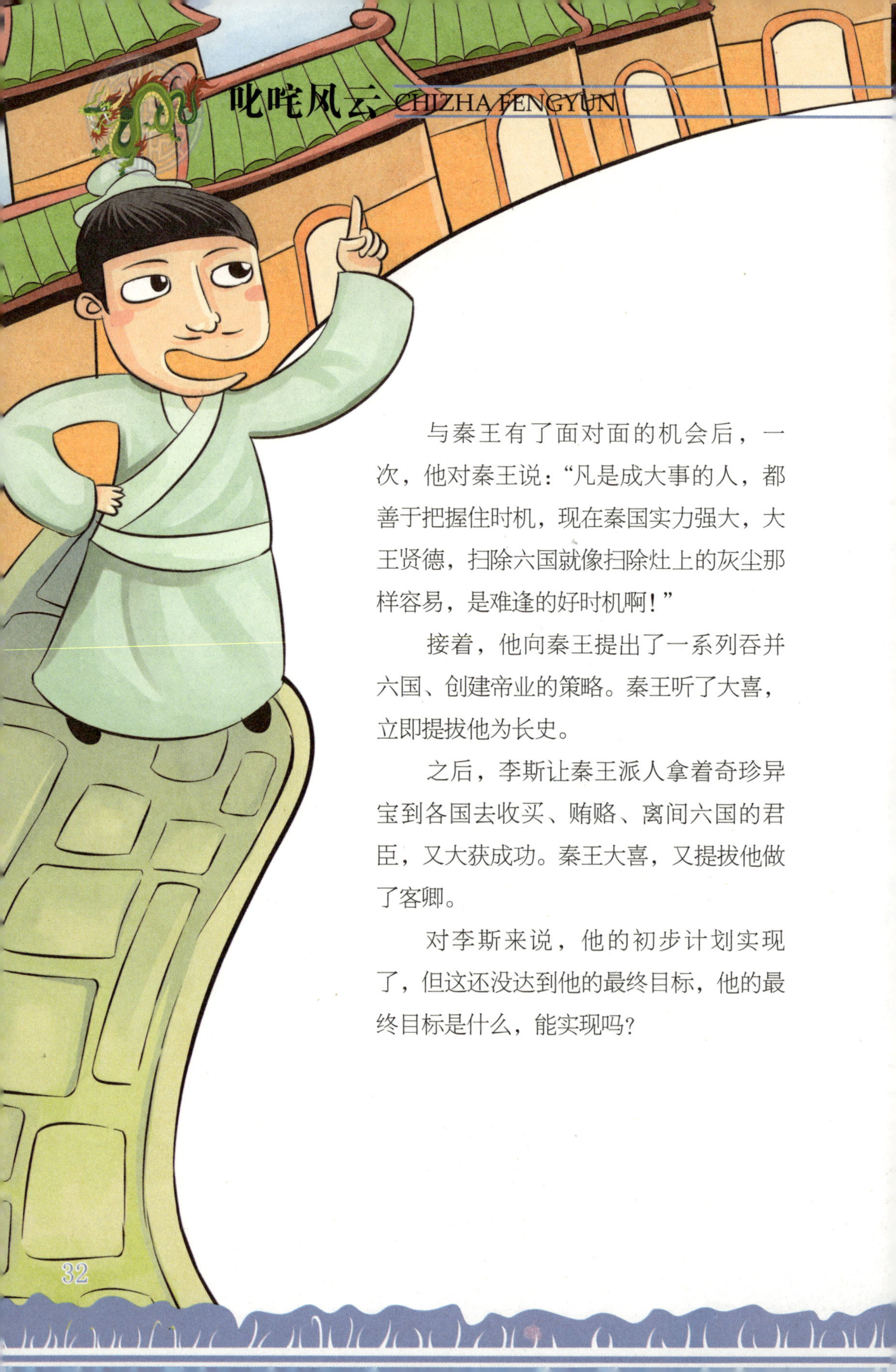

与秦王有了面对面的机会后，一次，他对秦王说：“凡是成大事的人，都善于把握住时机，现在秦国实力强大，大王贤德，扫除六国就像扫除灶上的灰尘那样容易，是难逢的好时机啊！”

接着，他向秦王提出了一系列吞并六国、创建帝业的策略。秦王听了大喜，立即提拔他为长史。

之后，李斯让秦王派人拿着奇珍异宝到各国去收买、贿赂、离间六国的君臣，又大获成功。秦王大喜，又提拔他做了客卿。

对李斯来说，他的初步计划实现了，但这还没达到他的最终目标，他的最终目标是什么，能实现吗？

我该如何除掉心腹之患

穿穿老师：

您好，我是吕不韦。魏国的信陵君你听说过吧？此人通晓兵法、精通谋略，是个人物。可惜这个人老跟我们作对。

当年秦昭襄王包围了赵国，眼看胜券在握，他却从半路杀了出来，窃取了魏国的军符，搬来十万救兵，把赵国给救了。这次（公元前247年），我们派兵攻打魏国，又是他率领五国联军，把我们的大将蒙骜打败了，还带兵一直追到函谷关，打得我们不敢出关。这不是明摆着给我们难看吗？

这个心腹之患不除，对我们统一六国，迟早是个大害！穿穿老师有什么妙计吗？

吕不韦

吕丞相：

您好！信陵君一向礼贤下士，在六国之中很有威望，若不是自己人，确实是心腹大患。不过，即使是自己人，目前他名扬天下，声望比他的亲哥哥魏王还大，相信魏王心里并不比你好受。从他用兵只能“盗符”就可以看出来，魏王对他不够信任，且一直怀有戒心。

鉴于这种情况，我认为您不宜操之过急。先看看魏王怎么做再说。

《穿越报》编辑 穿穿

【为了除掉信陵君，秦国花重金收买了他的仇家，在魏王面前说他的坏话；后又派人去魏国祝贺信陵君登上王位。魏王疑心大起，果然剥夺了信陵君的兵权。从此信陵君心灰意冷，不再上朝，于公元前243年去世。】

十二岁就当了上卿

你们知道吗？秦国打算跟燕国结成同盟，并派将军张唐去燕国做丞相，张唐却死也不肯去。因为去燕国，必须经过赵国，赵国可一直想要张唐的脑袋呢！吕丞相怎么劝都不管用。

铁匠王五

这事我早知道了，最后还是他一个十二岁的、名叫甘罗的门客，把我们张唐将军给说动了。你们猜他对张将军怎么说的，他说，以前秦国派白起去攻打赵国，白起不去，结果被赐死。现在吕丞相亲自请你去你都不去，看来你也不想活了。唉，张将军哪经得起这么一吓，只好答应去了。

张府仆人

甘罗这娃胆识是一等一的！他先出使了一趟赵国，见赵国非常害怕秦燕联盟，便提了个要求，让赵国割让五座城池给秦国，秦国就不和燕国联盟，随便赵国怎么对付燕国。赵王一听，还真给了秦国五座城池！秦王称赞道："你的智慧真是超出了你的年纪啊！"并封他为上卿（相当于宰相）！

访赵随行人员

这充分说明了我们的吕丞相会识人，秦王敢用人。不然，甘罗年纪这么小，他爷爷又早死了，他也没有什么社会地位，就算才华满腹，也难有用武之地啊！

相府门客

（可惜甘罗被封为上卿后，不久后就去世了。）

又去掉了一个心腹大患

信陵君死了，秦国总算去掉了一个心腹大患。然而，对吕不韦和嬴政来说，还有一个比信陵君更可怕的人，他就是嬴政的弟弟，秦庄襄王的次子——长安君成峤（qiáo）。

公元前239年，上党郡（位于今山西省长治市）六城叛乱，杀死了秦王派过去的地方长官。

吕不韦建议成峤率兵征讨，嬴政同意了。可成峤只有十七岁，比嬴政小三岁，对行军打仗一窍不通。

樊於期将军是成峤的亲信，早就看不惯吕不韦了，就对成峤说："现在的秦王其实是吕不韦的私生子，公子才是真正的王位继承人，秦王这次派您出兵，实际上是陷害您，如果您出师不利，就会借机降罪。"

成峤说："要不是将军告诉我，我现在还蒙在鼓里，那我现在该怎么办呢？"

樊於期说："现在您手握兵权，将军蒙骜短期内回不来，不如趁机讨伐秦王，并将他的身世告知天下。"

成峤道："大丈夫死就死了，怎么能屈膝于商人之下？愿将军为我出谋划策！"

樊於期当即起草了一篇檄文，号召大家讨伐逆贼。

秦王听说成峤叛乱，派大将王翦（jiǎn）带领十万大军前去讨伐。

樊於期作战十分英勇，王翦并没有占到什么便宜，他想武攻不如智取，于是他问帐下的将士们："有人跟长安君熟吗？"

一个叫杨瑞和的人站出来说："我曾经在他门下做过食客。"

王翦说："我写一封信给你，你潜入城中，把信送给长安君，劝他早日投降，以免自取灭亡。"

杨瑞和于是趁两军交战之时，混进了城里。到了晚上，他跟长安君见了面，极力劝他投降，长安君只是长吁短叹，一点主见也没有。

几天后，樊於期寡不敌众，吃了败仗，劝长安君和他一起逃到他国，长安君害怕再也回不到咸阳，迟迟下不了决心。

王翦攻得太紧，樊於期只好出城再次迎战。杨瑞和陪着长安君登上城门，看樊於期左冲右突，抵挡不住，奔回城门下大喊："开门！"

杨瑞和手里拿着剑，大喊："长安君已经投降，谁敢开门，格杀勿论！"众将士见了，士气顿失。长安君束手无策，只在不停地流泪。

樊於期长叹一声："真不该帮这小子啊！"随后，他杀出一条血路逃往燕国。

杨瑞和打开城门，迎接秦军。看到大势已去，长安君自杀身亡。一场轰轰烈烈的叛乱，最终以失败而告终。

你这个吕不韦的私生子，没资格继承王位！

哦？你有何证据？

证据……
证据……

证据……

一字千金

这些日子，每天都有很多人在咸阳城门围观，原来，相国吕不韦将一本书挂在城门口，让来来往往的人提意见，凡是能给书中内容 增加或者减少一个字的，就赏赐千金。

这是怎么回事呢？吕相国为什么要编这么一本书呢？

原来，自从吕不韦当了相国之后，要风得风，要雨得雨，一人之下，万人之上的日子过得别提多舒服了。但很快，他就觉得不舒服了。

因为他发现，像他一样有名望的人很多，魏国有信陵君，楚国有春申君，赵国有平原君，齐国有孟尝君，他们个个礼贤下士，名声远扬。而且不少人还著书立说，不但天下闻名，还能流芳百世。

秦国如此强大，在这方面怎么能输给他们呢？于是，吕不韦也开始大肆招揽门客，很快就招了三千多人。

与四位公子不同

的是，吕不韦招揽的不是勇士莽夫，而是文人墨客。因为他自己是个聪明人，所以看不起那些头脑简单的人。再说，秦国军力雄厚、猛将如云，不缺这方面的人才。

当然，更重要的原因是，他策划了一本书，但没本事写书，便想让这些才学满腹的门客们，来帮助他实现这个梦想。

招了人后，吕不韦就下令所有能写文章的门客，都来写这本书，写什么都行。结果，文章交上来后，五花八门，无奇不有。古往今来、天地万物、士农工商、三教九流全都有了。

经过一番筛选、归类、删减后，文章集合在一起，便成了一本书，吕不韦给它取名叫《吕氏春秋》（又称《吕览》）。

吕不韦对此书极为看重，认为这部书包揽了“天地、万物、古今”，是杰作，是奇书。为了精益求精，也为了宣传这本书，吕不韦就想出了前面这“一字千金”的广告。

不出所料，广告成功地吸引了人们的注意，也获得了巨大的成功——《吕氏春秋》和吕不韦从此名扬天下。

名人有约 MINGREN YOU YUE

越越 大嘴记者

吕不韦 特约嘉宾

嘉宾简介：现任丞相。庄襄王去世后，由于秦王年幼，太后无心处理政务，吕丞相成了秦国的实际最高统治者。尽管人们对他充满了争议，但不得不承认，他对秦国的发展还是作出了巨大的贡献。

越　越：相国大人，我们又见面了。

吕不韦：（拭泪）记者有话就快说吧，我最近实在没有什么心情聊天。

越　越：是因为您的盟友秦王去世的事吗？

吕不韦：（擦眼泪）唉，我们本来约好了将来共享人间富贵……

越　越：没事，他不是还有儿子吗？你要真念着秦王的好，就好好辅佐他的儿子吧！

吕不韦：那是必须的。嬴政还只是个孩子，我不帮他谁帮他呢？

越　越：那接下来您打算怎么辅佐嬴政呢？

吕不韦：当然是继续扩大我们大秦的领土。这几年，我们秦军先后攻下了魏国的数十座城池和韩国的数十座城池呢！

越　越：这事我听说了，但有件事我不太明白，您为何要在魏国设置了东郡呢？

吕不韦：这样就能将东方六国分为南北两部分，阻止他们联合起来，不是很妙吗？哈哈！

越　越：那您跟秦国的祖先一样，也主张对六国开战了？

吕不韦：那是必须的。当然，老夫可不仅仅只会打仗，对文化建设、农业建议，同样也是很关注的。

越　越：这个我也有所耳闻，眼下正在兴修的郑国渠，就是由大人您主持的。

若是该渠修建成功，可是利国利民的千秋大业啊！

吕不韦：你小子不错，有眼光！有兴趣做我的门客吗？包吃包住！

越　越：（连忙摆手）相国大人手下能人无数，光是食客就有三千多名，我就不去凑这个热闹了。

吕不韦：能成为我的门客，多少人想求也求不来，看来你小子还是有点傻！

越　越：（汗）我只是负责采访……相国大人，现如今秦国被您治理得有声有色，您主要是依靠什么来治国的呢？

吕不韦：很简单，现在最有名的不是诸子百家吗？把他们的长处集中到一块儿就行了。比如把儒家的仁政、法家的法治、道家的无为、墨家的节俭思想合并……不过这太复杂了，一时半会儿也给你说不明白，具体的政见可以看我主编的新书《吕氏春秋》。

越　越：听说这本书引起了不小的轰动呢。

吕不韦：那当然！当时我还在咸阳发布公告："谁能在这本书上增加一个字或者减少一个字，就赏赐一千金。"结果过了好几个月，没有一个人敢来。哈哈哈！

越　越：这说明这本书实在是字字珠玑啊，哈哈哈！（背过身来悄悄地说）谁胆子那么大，敢改动相国大人的书呢！好了，非常感谢吕相国在百忙之中接受我的采访，今天的采访到此结束。

吕不韦：（着急插话）别别别，让我插句话。

越　越：好好，您请。

吕不韦：（正襟危坐状）想了解更多关于我的治国思想，请购买由我主编的《吕氏春秋》，千万别忘了！

广告铺

献粮一千石，授爵位一个

今年（指公元前243年）粮食歉收、蝗虫成灾，老百姓苦不堪言。现决定从国库中拨出两千石粮食赈济灾民。凡缴纳粮食一千石的，即授予一级爵位。若你家境富有，又想为民做点事，这将是你千载难逢的良机！也是一笔很划算的买卖噢！

秦国赈灾部

（编者注：这里的粮食指的是没去皮的，如果去了皮，纯粮食大概是600石左右。以秦量制（体积）计算，1石等于100升，1升等于342.5克，那么，1石相当于68.5斤，600石就相当于41100斤，也就相当于现在的21吨。）

重金悬赏令

长安君非但没有平息上党之乱，反而趁机叛变，实属大逆不道。凡跟随长安君造反之人，格杀勿论！全城百姓全部发配边疆。

逆贼樊於期现已逃往他国，若谁能拿着他的人头回国，赏黄金万两，城五座！

相国府

招修渠工人

因需西引泾水、东注洛水，现秦国要修筑一条水渠，特招募修渠工人数名，包食宿，待遇优厚，工期长，有意者请与修渠办联系。

大秦修渠办

穿越报
CHUANYUE BAO

第3期
公元前238年—公元前235年

吕相下台

秦始皇卷

【烽火快报】
- 秦王冠礼，长信侯作乱

【绝密档案】
- 嫪毐集团的兴衰史

【叱咤风云】
- 茅焦劝谏，太后回宫
- 一场驱逐异国人的风波
- 谏逐客书， 李斯因祸得福
- 秦王又有了新的重臣

【名人有约】
- 特约嘉宾：嬴政

【广告铺】
- 特赦令
- 彗星出没，请注意
- 卖黄河鱼啦

【智者为王】
- 第1关

穿越必读 CHUANYUE BIDU

由于秦王嬴政年纪尚小，朝政都掌握在吕不韦和赵姬手里。吕不韦、嫪毐（lào ǎi）两大势力集团互相抗衡，明争暗斗。嬴政亲政后，一连串的大事接二连三发生，嬴政能处理好他前进途中的政治障碍吗？

秦王冠礼，长信侯作乱

——来自雍城的消息

公元前238年四月，秦王年满二十二岁。按照秦国的制度，秦王室要为他举行冠礼，也就是成人礼，通过这个仪礼正式宣告秦王长大成人。冠礼之后，他就可以收回委托出去的大权，正式亲政了！

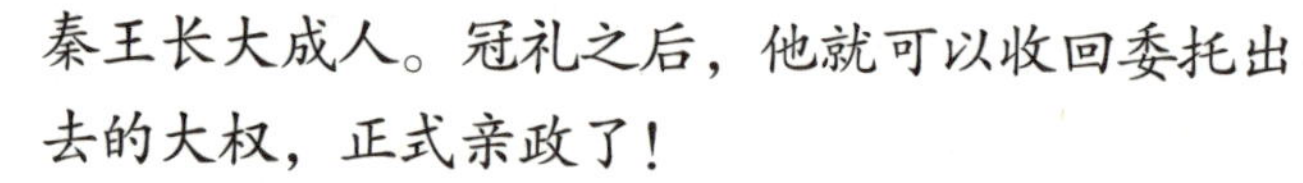

冠礼的地点选在雍城。雍城是秦国的故都，冠礼要祭祀祖先，所以要到雍城蕲（qí）年宫来。

在隆重的冠礼仪式中，秦王头戴王冕，身佩长剑，向祖先虔诚地行礼。

然而，就在这时，一个令人惊惧的消息传来了——长信侯嫪毐叛乱了！他盗用秦王的大印和太后的印玺，调动军队，企图攻打蕲年宫！

在这危急时刻，秦王不慌不忙地登上城楼，喝道："你们这是干什么！"

一位将领回答道："长信侯说这里有贼，特来擒拿！"

秦王大喝道："长信侯就是贼！"士兵们一听，立刻散去了一半。

秦王当机立断，立刻派吕不韦调集兵马，先发制人，向嫪毐进攻，并传令：生擒嫪毐者，赏钱百万；献上首级者，赏钱五十万；抓住逆党者，晋爵一级。

重赏之下必有勇夫，很快，嫪毐及其党羽就全部被抓获了。

同年九月，秦王下令将嫪毐五马分尸，诛其三族。而嫪毐的党羽们，也都纷纷被处以极刑。

嫪毐集团的兴衰史

熟悉嫪毐的人都知道，他不但贵为长信侯，而且是太后面前的红人，那么，他为何还要起兵造反呢？这还得从太后赵姬说起。

赵姬三十多岁当上了太后，母仪天下，这种光鲜的生活是很多人羡慕的。但是她年纪轻轻就守了寡，这滋味可不好受。于是，她开始和前夫吕不韦私下会面。

吕不韦是个精明人，他知道，纸终究包不住火的。要是这样长久地和太后相处下去，一旦事情败露，他苦心经营的事业就会毁了。

为了摆脱太后，吕不韦找了一个代替品。这个替代品就是嫪毐。嫪毐原本是个市井无赖，为人阴险狡诈，但身体十分强壮。

吕不韦让人把嫪毐的胡子全部拔光，假装施以宫刑后，以宦官的名义送给了太后。

太后见了十分喜欢他，从此也就不再纠缠吕不韦了。

不久，太后怀孕了。为了掩人耳目，太后假装说她占卜过，住在咸阳不吉利，便搬到了雍城（今陕西省凤翔县），并在此为嫪毐生了两个儿子。

在太后的不断关照下，嫪毐一路晋升，被封为长信侯，家中奴仆、食客上千，还先后赏赐了山阳地、太原郡等大片封地给他，其他奖赏更是多得不计其数。

嫪毐有了权势，许多人都去投靠他，一大批文官武将聚集在他周围。嫪毐的势力越来越大，就连国家大事都是他说了算。渐渐地，他的影响力遍及整个秦国，其实力足以和相国吕不韦抗衡。

在太后的支持下，嫪毐的野心极度膨胀，据说他曾与太后暗暗商定，一旦秦王死了，就拥立他们的私生子做秦王。

秦王冠礼这一天，嫪毐又喝酒，又赌博，玩得不亦乐乎。酒喝多了，嫪毐竟然大言不惭地说，自己是秦王的“假父”。

酒醒之后，嫪毐得知有人向秦王告了密，深感恐惧，他知道秦王不会放过自己，为什么呢？第一，和太后私通生子，这是死罪；第二，充当秦王的“假父”，这是大不敬，也是死罪；第三，结党营私、败坏朝纲，还是死罪；第四，企图让自己儿子取代秦王的位置，这更是死罪。

眼看这一关逃不掉了，为了保全自己，嫪毐先发起了叛乱。

在秦王的镇压下，叛军一击即溃。秦王没用太大力气就扫清了这一障碍，摘掉了这颗毒瘤。

茅焦劝谏，太后回宫

平定了嫪毐叛乱后，秦王让人把两个同母异父的弟弟装进口袋里摔死了，同时把太后赵姬流放到雍城，软禁了起来。

很多人都来劝说秦王，说幽禁自己的母亲是件大逆不道的事情，有损秦国形象，让他放了太后。

秦王大怒，下了一道命令：“凡是跟寡人谈太后之事的人，一律杀头。”因为这件事，有二十七个人被残酷地杀害了。

当第二十八个人来的时候，秦王派人警告他：“你前边已经死了二十七个了，你是怎么想的？”

这个叫茅焦的人固执地说：“我听说天上有二十八个星宿，现在死了二十七个人，我是来凑二十八个的。”

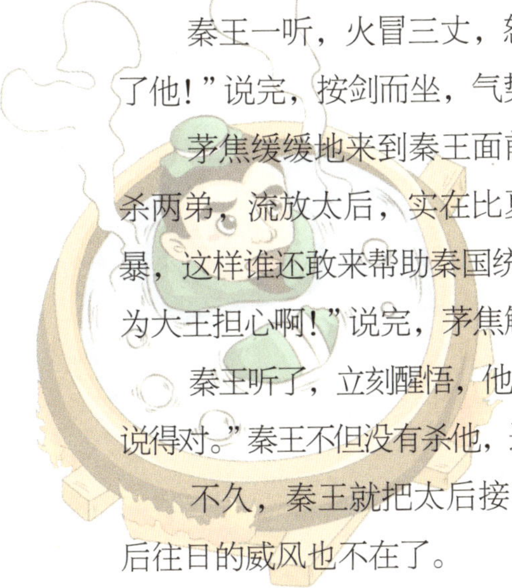

秦王一听，火冒三丈，怒道：“准备一口大锅，我要活活煮了他！”说完，按剑而坐，气势汹汹，召茅焦进殿。

茅焦缓缓地来到秦王面前，说道：“大王车裂‘假父’，摔杀两弟，流放太后，实在比夏桀（jié）、商纣（zhòu）还要残暴，这样谁还敢来帮助秦国统一天下呢？臣实在是为秦国担忧，为大王担心啊！”说完，茅焦解开衣服，准备受刑。

秦王听了，立刻醒悟，他走下台阶，亲手扶起茅焦，说：“先生说得对。”秦王不但没有杀他，还拜他为上卿，大大赞赏了他一番。

不久，秦王就把太后接了回来。不过，经过这场风波，太后往日的威风也不在了。

一场驱逐异国人的风波

因嫪毐的叛乱，吕不韦也不可避免地被牵连了进来。第二年秋天，秦王以“荐人不利”为名，罢免了吕不韦相国的职位。

吕不韦被罢之后，秦王更加需要具有治国安邦能力的仁人志士。然而，就在这时，秦王突然下令：驱逐所有在秦国任职的六国之人！这是怎么回事呢？

原来，秦国关中雨量稀少，土地贫瘠，农业一向不发达。

早在公元前247年，秦国来了一个名叫郑国的韩国人，是一位水利学家，他从专业的角度出发，极力劝说秦王修筑一条西引泾水东注洛水，横贯渭北高原，长达三百余里的水渠。

郑国说道：“水渠修好后，秦国有两大好处，一是可以灌溉关中四百多万亩土地，二是水渠里携带了大量的泥砂，可以改善盐碱地的土地质量。”

秦王被郑国说得心动了，他大手一挥，下令让郑国主持修建这条水渠。

水渠修了一阵子之后，秦王看出了其中的“猫腻”，原来郑国是韩王派来的，修筑这条水渠就是为了损耗秦国的人力和物力，使秦国无法东进，吞并韩国。

秦王知道韩国的阴谋之后，十分生气，下令要把郑国给杀了。

生死关头，郑国不慌不忙地对秦王说："修渠不过延长了韩国的几年寿命，但如果修成，却能成就秦国万世的基业啊！"

秦王权衡了一下利弊，就不再追究他了，命令他继续修筑这条郑国渠。

不过，因为这件事，秦王有了疑心，认为国中的间谍还有很多。

一些旧贵族也纷纷发言，说来秦国的人，都是为自己的国家服务的，个个都靠不住。有的是为了谋求自己的利益，虽贵为大臣，却利用职权，官商勾结，如前相国吕不韦；有的人为他国充当间谍，受到秦国重用后，为他国提供情报，如李斯；还有的，得到权势就造反，如嫪毐。

秦王本来就窝火，再加上这帮人添油加醋，终于发飙，下了一道命令，把所有从六国来的人一律驱逐出去！这就是公元前237年有名的逐客事件。

谏逐客书，李斯因祸得福

秦王要把外国人赶出去，首当其冲的自然是身居高位的客卿。因为这些人被秦王重用，占据了大部分官位。

李斯也在被驱逐的范围之内，他好不容易从一介布衣，爬到客卿，现在要被驱逐回去，长久以来的努力都将化为泡影，心中十分窝火。李斯不甘心大好前程就这样没了，就给秦王写了一封信。

信中写道，秦国几代有作为的君王用人皆不问出身。如秦穆公重用百里奚、蹇（jiǎn）叔、由余；秦孝公重用商鞅；秦惠文王重用张仪；秦昭襄王重用范雎（jū）。这些被重用的人都是六国人，但是他们为秦国立下了汗马功劳，正因为这些人的帮助，秦国才得以蓬勃发展。而今大王搜罗来的齐国珍珠、楚国玉石、赵国美女、燕国宝马，没有一个东西是秦国产的，大王却很喜欢它们。对人才，却是不分青红皂白地驱赶。这些驱逐出去的六国人都极具才华，大王把他们赶回去，不是让他们帮助六国吗？他们帮助六国对大王有什么好处呢？这样驱赶，只会导致民心丧失，使秦国衰弱。

这封信就是著名的《谏逐客书》。秦王看到这封信后，幡然醒悟，立刻收回了逐客令，命人追回了李斯，并且让他做了廷尉，也就是主管国家司法机关的最高官员。

从此，李斯成了秦王的左膀右臂。

你们这群吃里爬外的家伙，都给我滚出秦国！

这是韩国人造的。

这是赵国人造的。

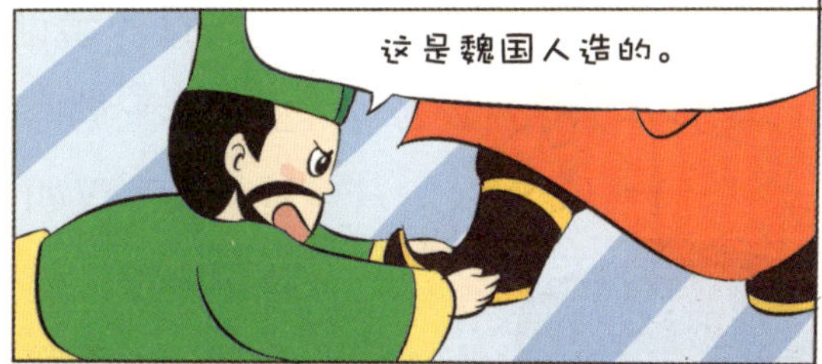
这是魏国人造的。

秦王又有了新的重臣

逐客令取消了，除了李斯外，更多的能人志士涌进了秦国。一位杰出的思想家、军事家也来到了秦国，他就是魏缭（后称“尉缭”）。

尉缭是魏国人，他一到秦国，就向秦王献上一计。他说：“秦国虽然强大，但诸侯各国一旦联合起来，力量也是十分强大的。希望大王不要爱惜财物，用它们去贿赂各国的权臣，以扰乱他们的谋略，这样不过损失三十万金，却可以把诸侯各个击破，逐一消灭。”

这一番话，正好说到了秦王的心坎上。秦王觉得此人不一般，于是对他言听计从，不仅如此，就连自己吃的、穿的，都跟尉缭一模一样。每次召见他，都亲自跑到门外去迎接。

要是换作别人，早就受宠若惊、欣喜若狂了。然而，尉缭却害怕了。秦王有着高鼻梁、大眼睛，他的胸脯像老鹰，声音像豺狼，但他缺乏仁德，穷困的时候对人谦恭，如果得了志，会

轻易地把人给吃了。因此尉缭认为不能长久地跟他交往。

秦王做梦也没想到，自己对尉缭毕恭毕敬，却把他给吓跑了！他又怎么甘心这么重要的人跑了呢，立即派人把尉缭给追了回来，并委以重任，让他当上了秦国最高军事长官。

尉缭被秦王的真诚所打动，从此也就和李斯一样，一心一意为秦王效力了。

还有一位外交家叫顿弱，也是一位旷世奇才，秦王仰慕他的名声，很想见他，但是顿弱提出条件："我有一个坏习惯，不想行君臣之礼，如果您免除我的君臣之礼，我就见您，否则，我就不见。"

秦王准许了他的条件，顿弱见了秦王，对他说："天下有有实而无名的人，有有名而无实的人，还有无名又无实的人，大王知道吗？"

秦王说："不知道。"

顿弱接着说："有实而无名的是商人，他们不用辛苦劳作，就可以将粮仓里堆满粮食；有名而无实的人是农民，辛苦劳作，但是却没多少粮

食积存；无名又无实的是大王您啊，身为万乘之尊，却没有孝亲的名声，坐拥千里，却没有孝亲的实际行动。”

秦王被揭了短，十分生气，但是顿弱却自顾自地继续说下去：“大王没有用权威治住山东六国，却将恩威施于母后，实在是不妥。”

秦王绕开了话题问道：“你看我能吞并六国吗？”

顿弱说：“韩国，扼天下之咽喉；魏国，处天下之胸腹，您如果肯出万金，我可以往这两国去，策反他们的重臣，从而使这两国臣服。”

一听说需要万金，秦王有点心疼：“国家现在并不富裕，拿出万金有点困难。”

顿弱却说：“如果能成功，大王拥有了天下，区区万金又算得了什么？如果不能成功，您就算有万金又有什么用呢？”

秦王被顿弱说动了，拿出万金来让他去韩国、魏国游说。此招果然奏效，顿弱到了韩国、魏国，笼络住两国的重臣，又到了燕国、赵国，除掉了名将李牧，为统一六国奠定了良好的基础。

秦王对我生疑，我该如何是好

穿穿老师：

您好！我是吕不韦。自从被秦王罢免后，我就回到了河南洛阳。这两年来，我每天不愁吃穿，不用操心国家大事，日子过得也算快活。六国经常派使者请我过去做官，但是我从来没有心动过，我是不会背叛秦国的，也不想让秦王误会。

然而前几天，秦王派人给我送来一封信，信上说：“你有什么样的功劳，秦国封给你十万人做食邑？你跟秦国有什么血缘关系，寡人竟然叫你仲父？从现在开始，你和你的家人都搬到蜀地去。”

尽管字面上没有刀光剑影，但是我已经嗅到了秦王的敌意和杀意。穿穿老师，您说我该怎么办呢？

吕不韦

吕相国：

您好！首先对您的处境，我表示万分同情。据我所知，秦王对您十分戒备。第一，您有才；第二，您有功；第三，您有声望。所以，虽然您没有接受六国使者的邀请，秦王还是会担心。要是您这样的人才被六国任用了，那对秦国可是很大的威胁。因此，您一直是秦王的心腹大患啊！

至于您该怎么办，像您这样聪明的人，应该不需要我来替您出主意吧！

《穿越报》编辑 穿穿

【公元前235年，吕不韦饮鸩（zhèn，毒酒）自杀。七年后，太后赵姬也郁郁而终。】

吕不韦为什么自杀？

大消息，吕相国自杀了！你们说，大王只是叫他迁到蜀地去，他为什么要想不开自杀呢？

士兵刘四

谋士小秦

大王今天能叫他滚，明天就能叫他死！吕不韦这么聪明的人，怎么可能想不到这一点呢？只是他生前是相国，本来是可以举行国葬的，这么一自杀，连国葬的资格都没有了！听说他的门客把他偷偷地埋到洛阳的邙（máng）山了。

怪不得秦王专门下了一道诏书，把吕不韦的门客都流放了。只可惜了，这些人可都是人才啊！

食客王三

杜裁缝

人才？大王才不这样认为呢！那些可都是吕相国的人，万一哪天跟着吕相国造反了，怎么办？你看吕相国回到洛阳后，追随他的人还是那么多，每天还是宾客盈门，换成谁都不会放心的。

我觉得吕相国自杀不外乎几个原因，一个就是以死明志，告诉秦王自己不会叛国；第二个就是灰心失望，他用死来指责秦王不念旧恩，薄情寡义；第三个就是内心有愧，自杀伏法。不管怎么说，人都已经死了，但是总的来说，他真不愧是一代枭雄啊！

孟小吏

越越 大嘴记者

嬴政 特约嘉宾

嘉宾简介：在幸运星的照耀下，这个曾经的流亡者当上了秦国的国君。在他面前的，是他的父亲、祖父乃至曾祖父励精图治、呕心沥血打下的一片壮丽河山。踌躇满志的他，站在巨人的肩膀上，打算将秦国推向另一个新的高度。

越越：秦王您好，看到您，我感到万分惭愧。

嬴政：为何？

越越：您看您十三岁就当秦王了，我却还是个小毛孩子呢！

嬴政：哎，这也没什么了不得。主要还是先人们给力。

越越：哦？此话怎讲？

嬴政：自古以来，都是立嫡立长。但我的曾祖父（指秦昭襄王）、祖父（指秦孝文王）、父亲（指秦庄襄王）都不是嫡长子，最后却都登上了王位，这才能轮到我，这不是他们给力吗？

越越：这么说来，您一家都是无敌幸运星啊！怪不得秦国如今这么强大。

嬴政：光靠幸运，是强大不起来的。比如我的曾祖父，他老人家在位时，我们大秦与齐国、楚国并驾齐驱，他本人在位时间也是我们大秦历代君王中最长的，这光靠幸运能办得到吗？

越越：噢，那能否跟我谈一谈您的曾祖父呢？

嬴政：他老人家是我的偶像。不论是管理军队，还是治理国家，到目前为止，没有人能比得过他。

越越：那假设日后您统一了六国，能比得过他吗？

嬴政：（连连摆手）比不过，比不过！如果他老人家多活二十年，这统一六国的肯定是他，不会是我。我要是能统一六国，那也是因为他老人家苦心经营了五十多年，让我捡了个便宜罢了。

越越：若真如您所说，您曾祖父算得上大秦第一BOSS了。

嬴政：当然这也不是他一个人的功劳，是他整个智囊团的功劳。

越越：智囊团？都有谁？

嬴政：白起和范雎你听说过吧？

越越：何止听说过，简直是如雷贯耳啊！那白起在长平之战中活埋四十万赵军，简直令人发指！

嬴政：你不杀人，就被人杀。在这个弱肉强食的世界里，硬拳头才是硬道理。

越越：既然相信硬拳头，那何必重用范雎那些连刀都提不起的文官呢？

嬴政：哈哈，武将使的是蛮力，文官用的是头脑。像范雎他们那样的好头脑，可以胜过千军万马！当年六国想联合起来对付我们，结果被范雎拆散了，哈哈！

越越：强！他是怎么办到的呢？

嬴政：简单。（转过身）你看寡人这宫里的狗，跟民间的狗有什么不同？

越越：（仔细看了半晌）这宫里的狗，和官员们一样，血统高贵，斯文有礼；民间的狗，野蛮好斗，两者不是一个等级的呢！

嬴政：哈哈，你看到的只是表象——（对侍从喊）来人，赏它们几根骨头。（那些狗见到骨头，蜂拥而上，争夺不止。）现在你明白了吧？

越越：大王的意思是……

嬴政：只要是人，不管是贵人，还是贱民，都有贪念。我们大秦用了范雎这招，在六国散了大量黄金，结果黄金还没分完呢，六国就起内讧了。

越越：绝！怪不得您将贿赂这招用得炉火纯青，原来是“有其祖必有其孙”啊！

嬴政：能得到这样的评价，身为他的后人，我很骄傲！

越越：只可惜他还是没有统一天下。

嬴政：那是他老人家手下留情，给我施展才能的机会呢！

越越：那祝秦王早日一统天下！

广告铺

特赦令

为稳定政局，安抚人心，特准许被流放到蜀地的嫪毐门客重归故里。朕要打击的是嫪毐、吕不韦及其死党，其余被牵连的无辜众人皆被赦免。望大家从此后安分守己，不再生事，为创建一个和平大秦而努力！

秦王嬴政

（于公元前235年秋）

彗星出没，请注意

近日（公元前238年），有彗星出没。彗星又叫扫把星，预示会有灾难发生，不是亡国，就是亡君，或者是有战乱发生，请大家做好准备，以防不测。

秦国天文办

卖黄河鱼啦

卖鱼啦，卖鱼啦，最新鲜的黄河鱼，又大又肥，营养丰富，老年人吃了能健康长寿，孩子们吃了能长高，姑娘们吃了能变漂亮，小伙子们吃了会更强壮，一文钱一条。

黄河鱼铺

（编音注：公元前239年，天降暴雨，河水泛滥成灾，有不少黄河的鱼成群结队地逆流而上，游到渭水，不少被冲到了平地。古人认为这是上天在警示人间将出现灾异。）

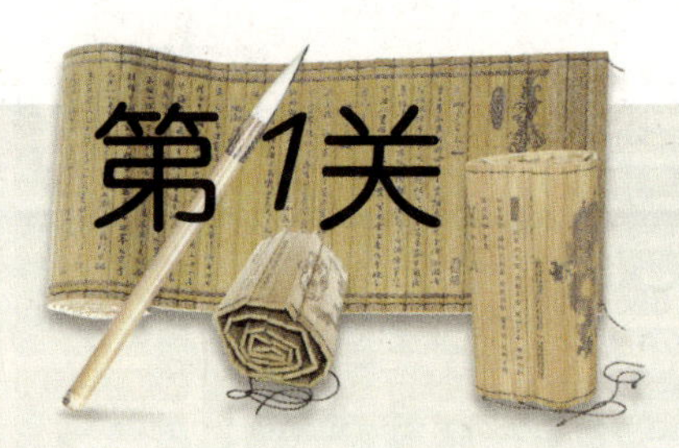

第1关

智者无敌 王者为大

1. 中国历史上第一个皇帝是谁？
2. 秦始皇的父亲是谁？
3. 秦始皇在哪一年出生？
4. “战国七雄”有哪几个国家？
5. 吕不韦为什么要帮助异人成为太子？
6. 秦人从何事件后正式建立了秦国？
7. 嬴政多少岁当上秦王？
8. 李斯的老师是谁？
9. 秦王卖官集粮的政策是什么？
10. 吕不韦集门客创作了一本杂家代表作，它叫什么？
11. 秦人的姓是什么？
12. 嬴政何时亲政？
13. 提议修建郑国渠的郑国是奸细吗？
14. 写《谏逐客书》的人是谁？
15. 秦国为何要修建郑国渠？
16. 吕不韦是自杀还是他杀？

穿越报

CHUANYUE BAO

第4期

公元前234年—公元前228年

韩赵悲歌

秦始皇卷

【烽火快报】

• 思想家韩非来秦国了！

【叱咤风云】

• “偶像”惨死，凶手竟然是“粉丝”

• 李牧被害，赵国灭亡

【名人有约】

• 特约嘉宾：韩非

【广告铺】

• 专业抄书，一字一文

• 全国男性登记年龄的通知

• 寻找我的仇人

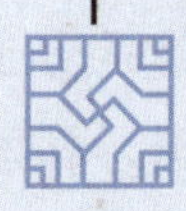

穿越必读 CHUANYUE BIDU

扫清了国内的政治障碍后，秦王嬴政和李斯定下了统一六国的大计，他把进攻的目标锁定为当时最弱小的韩国和逐现颓势的赵国，这两个国家能束手就擒吗？秦王打算采取什么方法拿下这两国呢？

思想家韩非来秦国了！

——来自咸阳的加急快报

公元前234年，秦国传来一个爆炸性的消息，思想家韩非来秦国了！

韩非是什么人呢？他是韩国国君的儿子，虽然他有口吃的毛病，但他很能写，写了很多好文章突显自己的观点，拥有数不清的“粉丝”。

秦王嬴政就是他的“粉丝”之一。据说他看到韩非的书，说了一句话：“如果能让我看到这个人，并和他交个朋友，那我就死而无憾了。”

有人提出疑问：那韩非来秦国，是秦王请来的吗？因为韩非是荀子的学生，和李斯是同学。李斯想讨好秦王，请老同学过来一聚，韩非当然不会不给面子。

反对意见马上就出来了：李斯认为韩非比自己有学问、有才华，怎么可能给自己找个竞争对手呢？关键是秦王自己想得到这个人才，所以下令攻打韩国。韩国一慌，就把韩非送来了。

当然，最靠谱的说法是，自从“逐客事件”后，李斯认为罪魁祸首是韩国，一直动员秦王灭了韩国。韩国听到这个消息吓坏了，立刻派韩非出使秦国。

那么，秦王会听取“偶像”的意见，放弃攻打韩国的计划吗？

“偶像”惨死，凶手竟然是“粉丝”

秦王见到韩非后十分高兴，立刻举行了为期两天的招待大会。

韩非于是趁热打铁，给秦王写了一封奏疏，意思是这样的：韩国向秦国称臣纳贡，已有三十多年，还经常出兵协助秦国，相当于秦国的一个郡县。如果灭了韩国，其他诸侯国看到，和秦国交朋友，竟然是这样的下场，那以后谁还会跟秦国结盟呢？

而赵国这些年一直与秦国对抗，它才是秦国的主要敌人。如果秦国先灭了韩国，赵国就会和各诸侯国结成同盟，那时，秦国再想灭了赵国就很难了。

秦王看了，没有马上表态，而是把这封奏疏交给了朝中大臣。

第一个起来反对的就是李斯。李斯一直主张先灭掉韩国，他说：“韩国地处秦国腹地，是秦国的心病，这个病暂时没有发作，但是一定会发作的，如果现在不除掉，保不准什么时候就发作了，所以必须先灭掉韩国。”

第二个跳出来反对的叫姚贾。说起姚贾，也是个人物。

四国联军进攻秦国的时候，秦王和大臣们束手无策。这时，姚贾就站了出来，说只要用钱，就可以把这几个国家摆平。秦王大喜，立刻答应了，给了他一大笔金钱。

这个姚贾确实有水平，用了几年的时间，就把那四国的重臣全都用钱收买了。秦王很高兴，就将他升为了上卿。

韩非听说了这些事，看不起姚贾，就向秦王上书，说姚贾犯了三大罪，一是贪污公款，给他的钱只花了一点，其余的全进了他自己的腰包；二是以权谋私，用国家的钱去交朋结友；三是出身不好，是看门人的儿子，当过盗贼，还被赵国赶了出来。重用这样的人，不利于激励群臣。

秦王就问姚贾："你是不是拿着公款去结交诸侯了？"

姚贾说："是，如果不跟他们结交，他们就不会成为我的朋友，就更不会听信我的话了。请不要听信谗言。大王要是听信谗言，手下就不会有忠臣了。"

秦王接着问："那你是不是看门人的儿子，还犯过盗窃罪？"

姚贾说："是的，但是历史上建功立业的人，有很多都是我这样的人啊！姜子牙当年在齐国不也是被驱逐的人吗？但是他帮助文王和武王推翻商纣统治，建立了周朝。管仲出身也不好，做过商人，齐桓公不照样重用他吗？百里奚是用五张羊皮换来的一个人，但是他帮助秦穆公成就了伟业。这些人没有一个是出身高贵的，但不是照样帮助自己的国君成就了霸业吗？所以用人的标准不是家庭出身和道德水平啊！"

秦王一听有道理，就不再追究了，但是姚贾却因此恨透了韩非。

这次他逮着机会，站了出来，对秦王说："韩非是韩国的公子，一定不会帮助秦国的，如果大王不用这个人，就不要留他，更不能放了他，一定要把他除掉。"

秦王听了这话，就把韩非投进了监狱。韩非在狱中想面见秦王表明心迹，却又无可奈何。李斯让人给韩非送去一杯毒酒，让他自杀了。

后来秦王后悔，令人赦免韩非时，韩非已经死在狱中了。

韩先生，你是我的偶像！

偶像，请上座！
偶像，请喝茶。

偶像，请入狱！

韩国到底能活多久？

穿穿老师：

您好！现在韩非也死了，我都不知道该怎么办了。之前，他的一些建议以及郑国渠的修建，让我们韩国安宁了一段日子。

但如今，嬴政一门心思想吞并六国，统一天下。第一个目标，就是我们。

虽然我们也是战国七雄之一，论实力，却只能排在老末。为了延续生机，我只好再次割地求和，把南阳拱手让给了他们。如今，我们韩国活多久，能不能活，完全取决于秦国的眼色。

我真是不甘心啊！能告诉我，有什么好办法，可以挽救我的国家吗？

韩王安

韩王：

您好！接到您的信，我的心情非常沉重。

你们紧邻秦国，是他们向东扩张面临的第一个障碍，而且，在六国之中，你们又是最弱小的一个，他们怎么会放过你们呢？

再加上你们前段时间搞的间谍案，牵连了李斯大人，害得他差点回老家，他能不拿你们先开刀吗？

事到如今，就算你们献出一百个南阳都无济于事了，谁叫您不早点重用韩非呢？您还是早点计划如何逃走吧！

《穿越报》编辑 穿穿

【公元前230年，秦王命令再次攻打韩国的都城新郑，韩王安被俘虏，韩国彻底灭亡。】

李牧被害，赵国灭亡

灭掉韩国后，秦国很快又把攻击目标对准了另一个邻居——赵国。与韩国不同的是，赵国的实力相当强大，是六国当中最顽强的，因此对秦国来讲，是最难啃的一块骨头。

公元前236年，秦王趁燕赵两国发生战争之际，打着“救燕”的旗号，令大将王翦攻打赵国，并取得了胜利。

公元前234年，秦王再次命大将桓齮（yǐ）进攻赵国，又一次取得了胜利。十万赵军统统战死，秦军占领了赵国西北部地区。

第二年，秦王派桓齮又一次向赵国发动战争，想一举消灭赵国。

没想到，这一次赵王调来了一员叫李牧的大将。

李牧是赵国继廉颇之后的一代名将，原本长期驻守在赵国北部边境，与匈奴作战。在他驻守期间，匈奴一无所获，边境毫发无伤，士兵们都非常拥戴他。

李牧用兵有一个特点，就是爱“守”不爱“攻”，在没有把握打胜仗的时候，绝不轻易出战。

这么做有好处，也有坏处。好处就是可以耗得敌人筋疲力尽，摸不清他葫芦里卖的什么药。坏处就是，很多人都说他胆子小、怯战。

赵王知道后，派人斥责他，他依然故我。赵王一怒，就撤

了他的职，换
了别的将领。但是一换
人，赵国就连吃败仗，边境很不安宁，没办法，赵王只好重新任用李牧。

这次秦赵战争的结果是，秦军被赵军打得落花流水，就连主帅桓齮也不敢回国，畏罪潜逃了。

公元前229年，赵国大旱，遍地饥荒，人心浮动。秦王趁机派大将王翦围攻赵国都城邯郸。赵王再次派李牧出征，全力抗秦。

一个是秦国的名将，一个是赵国的名将，两军对垒，相持长达一年。

面对强大的对手，该怎么办呢？秦王再次动用了离间计。他一边派人去跟李牧讲和，另一边派人带了一万两黄金跑到邯郸，收买赵王最信任的奸臣郭开。

郭开收了贿赂，立刻在赵王面前散播谣言，说李牧私通秦国，有谋反之心，还伪造了一封李牧写给秦王的书信。

赵王本来就是个昏庸无能的人，看了书信后大怒，不分青

红皂白，立刻派人去召回李牧。李牧知道自己一走，赵国就危险了，于是拒绝交出兵权。

这一下子更惹怒了赵王，他做了一个让自己后悔一辈子的决定，秘密逮捕了李牧并处死了他。

李牧一死，秦军就肆无忌惮了，三个月后，王翦攻破了赵国，俘虏了赵王，赵国公子赵嘉逃到代地（位于今河北省蔚县），七年后被秦军杀害了。

强大的赵国就这样被秦国灭了。

赵国为何第二个被灭掉？

你们听说了没？赵国被秦军灭了，说来也奇怪，赵国自从赵武灵王推行“胡服骑射”政策以来，一直是军事上比较强大的国家，为什么它第二个就被秦国灭掉了呢？

炼剑师赵四

这不怪别人，就怪老赵家基因不好，没有几个明君，就拿赵武灵王来说，前半辈子确实很厉害，把赵国治理得井井有条，但是他后半辈子实在是糊涂，废了公子章，立了小儿子为代王，最后把自己活活饿死了。他之后的君王赵惠文王充其量算是个守业之君，再往后的赵孝成王等真是一代不如一代，你说秦国不灭它灭谁？

侯郎中

还有一点啊，赵王都不善于利用人才，你看廉颇、李牧这些名将，不仅忠心耿耿，而且有能力，结果都被郭开这个小人用谗言害惨了。失去了人才，赵国的气数也尽了。

王厨子

我觉得还有一点不能忽略，就是赵国君王都太不重视自己的疆土，赵国君王为了讨好秦国，不断地割地求和。更可气的是，有一次，赵孝成王为了得到大将田单，竟然用五十七座城池来换，结果田单也没能打胜仗。这些事加起来，就不难看出赵国为什么早早灭亡了。

张掌柜

越越 大嘴记者

韩非 特约嘉宾

嘉宾简介：他是著名学者荀子的学生，虽不善言辞，却文采出众，就连师兄李斯也自愧不如。然而，他的才华并没有得到重用，为了挽救韩国，他几次与秦王交涉，却最终败给了自己的理想。他就是战国末年最后一名大思想家、哲学家、法家代表人物——韩非。

越越： 韩公子，您好，第一次与您这样的高富帅做面对面的访谈，我真是不胜荣幸啊！

韩非： 哪……哪里……哪里，我口才不……不好，请……请您多……多担待。

越越： 您太客气啦，您在我眼中已经近乎完美了，出身贵族，师从著名思想家荀子，而且还有思想、有文采，我对您的景仰可谓滔滔江水连绵不绝。

韩非： （红脸）不……不敢……当，那是在您……您眼里，在我……我哥哥眼里，我……我依然是……是个无足轻重的人。

越越： 听说您几次劝谏韩王都无功而返？

韩非： 嗯，他……他根本不听我……我的观点，眼看韩国的……国力越来越弱，我……我真是于……于心不忍啊！（红眼圈）

越越： （递手帕）别太难过了，韩王不欣赏您，秦王可是很欣赏您呀，他可是对您赞不绝口呢！请介绍一下您的主要观点好吗？

韩非： 好的，我的观点就是……是法、术、势相结合，君主……君主必须重视权力、威势和……和驾驭臣下的权谋……权谋之术，才能够巩

固……巩固君主的地位，树立君主的……威严，也便于统治……统治民众。

越越：嗯，听说您继承了荀子先生的人性本恶学说，主张严刑重罚？

韩非：嗯，我们必须……必须要用苛刑峻法来……来治理民众，这样才能……才能建立君主集权的国家。

越越：那要是贵族也犯了法呢？

韩非：朝廷大……大臣和乡野村民要一视同仁，同赏……同罚。

越越：您这种思想极具超前意识和民主性啊！

韩非：还好……还好。

越越：韩公子，我听说您的新书《韩非子》已经集结出版了，您的观点这么深奥，一般老百姓能看懂吗？

韩非：我喜欢写得……写得幽默点，用寓言故事……故事的形式，来体现……体现一些深刻的道理，争取让大家都能看……看懂。比方说滥竽……滥竽充数、自相矛盾、削足……削足适履、邯郸学……学步……。

越越：原来这些寓言故事都是您写的啊！的确很生动，只要稍加思考，就能明白里边的道理。小编在此提醒广大读者，如果您想支持韩非的话，请去当地书局购买韩非的新书《韩非子》，请支持正版哦！好了，我们今天的访谈就到这里，再次感谢您的参与，再见！

广告铺

专业抄书，一字一文

《韩非子》为当代思想家韩非韩先生所著，收集了《孤愤》《说难》等名篇，共有文章五十五篇，十余万字，见识深刻、富有文采，极具阅读价值和收藏价值。

本人前段时间，闲来无事，将《韩非子》抄了一遍，马上被人抢购。为传播先生大作，本人愿再抄十本，欢迎大家前来订购。数量有限，先到先得。

王先生抄书局

全国男性登记年龄的通知

为了方便我国的军队建设与税务征收，自即日起对我国全体男性公民进行年龄登记，请所有成年男子都到当地人口普查办公室进行登记。

秦国人口普查办公室

寻找我的仇人

三十一年前，我在邯郸出生，当时父亲在这里做质子，后来父亲回到秦国，我和母亲在这里相依为命，受尽了欺辱。现在我嬴政回来了，寻找当初在此地凌辱过我和母亲的人，谁能提供线索，本王将重重有赏。

秦王嬴政

穿越报
CHUANYUE BAO

第 5 期
公元前227年—公元前225年

荆轲刺秦

秦始皇卷

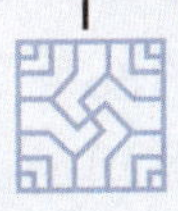

穿越必读 CHUANYUE BIDU

燕国与赵国相邻，赵国一亡，秦国的大军便到了燕国的家门口。燕国的太子丹为了解除国家危机，也为了向秦王复仇，派出一名叫荆轲的勇士去刺杀秦王，于是，一场轰轰烈烈的“荆轲刺秦”的大戏上演了！

燕国使者来送礼了

——来自咸阳的加密快报

公元前227年，秦国都城咸阳传来一个好消息，燕（yān）国的太子丹派使者给秦王送礼来了！

这次来朝，燕国带来了两件礼物，一件是燕国督亢地图。督亢是燕国最富庶的一个地区，太子丹准备把这里献给秦王。另一件礼物是樊於期的人头。樊於期背叛了秦王，逃到燕国，秦王做梦都想要他的脑袋。

得知燕国使臣带来了这两样礼物，秦王高兴坏了，马上换上一身君臣朝会时才穿的礼服，并下令用“九宾礼”招待燕国使臣。所谓九宾礼，就是九位侍者引导一位宾客上殿，这在七国中，算得上是规格最高的礼节了。

秦国的文武百官也都激动不已，迫不及待地想一睹这极具历史性的时刻。

可是，有些人却认为，燕国使者这次来朝，目的恐怕不止送礼这么简单，一定还有什么不可告人的秘密。

事情果真像人们猜测的那样吗？本报记者将全程跟踪报道。

太子丹与秦王的恩怨

据记者调查，太子丹和秦王算是老相识了，两人少年时代还是好朋友呢。可后来，嬴政当上秦王后，太子丹去秦国做人质，秦王却不念旧情，三番五次羞辱他。

太子丹受不了，想方设法逃回了燕国，之后一心想要报仇雪恨。

为此，太子丹征求老师鞠武的意见。鞠武说："如今六国之中，秦国最为强大，各诸侯国对秦国避之不及，您又何必为了私人恩怨而去触怒秦王呢？"

太子丹没有放在心上，一心想着要报仇。

不久，秦国叛将樊於期前来投奔太子丹，太子丹好心收留了他。

秦王一直在悬赏捉拿樊於期。鞠武担心太子丹引火上身，便劝他说："秦王如此暴虐，您怎么还收留他的叛将？这不等于把肥肉放在饥饿的老虎面前吗？希望您尽快将樊将军送到匈奴去！"

太子丹说：“樊将军走投无路才来投奔我，我应当舍命保护他才对！”

鞠武说：“为了结交一个朋友而不顾及国家存亡，您知道这会带来多大的灾祸吗？如果您坚持己见，那么我向您推荐一个叫田光的人。他足智多谋、沉着勇敢，您和他商量对策吧。”

结果，太子丹和田光一商量，制订了一个异常大胆的计划——刺杀秦王！

但田光认为自己年纪大了，无法完成刺秦的任务，又向太子丹推荐了一个叫荆轲的游侠。

太子丹见到荆轲后，开门见山地说：“如今秦国已

俘虏了韩王，又乘势进攻楚国，向北威逼赵国，燕国就要大祸临头了。燕国本来就弱小，又多次为战争所累，如今调动全国的军队也抵挡不住秦国的攻势！而各诸侯国都已经屈服于秦国，没有哪个国家敢再合纵抗秦了。”

“我有一个不成熟的计策，如果能得到一位大无畏的勇士，让他前往秦国，胁迫秦王嬴政，逼他将兼并来的土地归还给各国，能成功当然是最好了。如果不行，便乘机杀了他。秦国大将拥兵在外，国内又发生动乱，各国就可以趁机联合起来击败秦军。”

荆轲沉默了一会，说：“这是国家大事，我一个粗人，恐怕无法胜任。”

太子丹一听急了，竟然跪在地上，向荆轲磕起头来。荆轲长叹一声，只好答应了。

太子丹大喜过望，把荆轲当作上宾招待，不仅把自己的车给荆轲坐，把自己的衣服给荆轲穿，还送给他大量的奇珍异宝。荆轲很感激太子丹。

就这样，一场刺秦计划即将启动。

壮士一去兮，可复返？

不久，秦国灭掉了赵国。消息传来后，太子丹惊恐不已。因为燕国与赵国相邻，赵国一灭，燕国就危在旦夕了。

他马上找来荆轲商议，荆轲说："我现在前往秦国，未必能接近秦王。倘若能得到樊将军的人头以及督亢的地图，将它们奉献给秦王，秦王必定会召见我，那时我才有机会刺杀他！"

太子丹说："樊将军在穷途末路时来投奔我，我实在不忍心杀他啊！"

见太子丹不忍心，荆轲就私下找到樊於期，说："秦国对待将军，可以说是残酷之极。秦王杀您父母、灭您宗族，还悬赏千斤黄金、万户封地买您的人头，您打算怎么办呢？"

樊於期流泪叹息道："我能有什么办法呢？"

荆轲说："如果能得到将军的人头，献给秦王，秦王一定会高兴地召见我。到时候，我左手拉住他的袖子，右手持匕首刺进他的胸膛。这样一来，不仅您大仇得报，燕国的危机

也可解除！”

听了这话，樊於期二话不说，拔剑自刎了。

太子丹闻讯赶来，伏尸大哭，事已至此，只好将樊将军的人头装在一个盒子里，密封起来，交给荆轲。

有了礼物，还要有一个刺杀秦王的武器。太子丹花了百两黄金，从著名的铸剑高手徐夫人那里买了一把锋利的匕首，叫工匠用毒水淬炼后，见血毙命。

除此之外，太子丹还给荆轲安排了一位助手，名叫秦舞阳。这人是燕国有名的勇士，十三岁就敢杀人。有了他帮忙，刺杀秦王的成功率就更高了。

可是，过了些日子，荆轲依然迟迟没有动身，太子丹很着急，以为他想反悔，便故意说：“时不我待，先生怎么还不动身？要不我派秦舞阳先去？”

听了这话，荆轲很生气，大声说：“我之所以还没走，是因为要等另一位朋友。既然太子认为我在拖延时间，那我就动身吧！”

临别那天，太子丹和宾客都穿着白衣、戴着白帽为荆轲送行。

到易水边时，荆轲的好朋友高渐离击起了筑，荆轲和着节拍唱着：“风萧萧兮易水寒，壮士一去兮不复还！”歌声苍凉凄婉。唱完了，荆轲便上车离去，始终不曾回头看一眼。

荆轲和秦舞阳两位勇士就这样踏上了一条刺秦之路。

他们能完成刺秦的任务吗？燕国又会有怎样的结局呢？请继续关注本报接下来的报道。

刺秦

到了咸阳，荆轲如愿进入了咸阳宫。当然，这一切这么顺利，是因为他拿出了价值千金的礼物，送给了秦王的宠臣蒙嘉。

蒙嘉收了荆轲的贿赂，见钱眼开，便替他向秦王美言了一番，说："燕王因为惧怕大王的威势，不敢出兵抗拒，愿向秦国俯首称臣。因为惶恐，燕王不敢亲自前来，便砍下樊於期的头颅，献上督亢一带的地图，派使者前来拜见大王。"秦王果然非常高兴，答应召见。

荆轲捧着装了樊於期头颅的盒子，秦舞阳捧着装了地图的匣子，一前一后地进了宫。走到殿前的台阶下时，秦舞阳因为害怕，脸色发白，双腿不住地发抖。

秦王和大臣们见了，感到奇怪，不禁起了疑心。

见此情形，荆轲定了定心神，回过头来对秦舞阳笑了笑，上前替他向秦王谢罪说："北方来的野蛮人，没有拜见过天子，所以害怕，请大王原谅。"

然而，秦王还是让秦舞阳后退，让荆轲把秦舞阳手里的地图献上去!

荆轲拿过地图，双手捧着，走上前来，在秦王面前缓缓展开。到地图全部展开的时候，藏在里面的匕首露了出来!

就在那时，荆轲左手一把抓住秦王的衣袖，右手拿着匕首，刺向秦王的胸膛！

但还没等匕首靠近，秦王一跃而起，仅仅是把袖子扯断了而已。

秦王惊恐万分，想拔出自己的佩剑，可是剑太长，又插得很紧，怎么也拔不出来，只好转身逃跑。荆轲手握匕首，紧追不舍，秦王绕着柱子拼命逃。

事情发生得太突然了，大殿上的文武百官们都惊呆了，一个个手足无措。按照秦国律法，在殿上侍奉的臣子们，均不能带兵器。那些持有武器的侍卫，都在宫殿外候着，没有君王的命令，不能上殿。

紧急关头，御医夏无且将一个药袋扔向荆轲，为秦王争取了逃跑的时间。

这时，侍从们齐声大喊：“大王，把剑推到背后，把剑推到背后！”

经这一提醒，秦王才拔出长剑，回击荆轲，并且一剑砍向荆轲的左大腿。荆轲受了伤，倒在地上，只好将匕首投向秦王，遗憾的是，匕首只击中了柱子。

荆轲知道刺秦的任务无法完成了，就靠着柱子，坐在地上，对秦王傲慢地说：“这件事没有成功，是因为我们想活捉你，让你先把土地还给各国罢了！”

刚说完，一群侍卫就进入殿内，一下结果了他的性命。

果真是“壮士一去兮不复还”啊，唉！

大王，我有一件礼物要送给您！

好啊！你要送什么给我呀？

送你上西天！

哎呀妈呀！我不要啦！

英雄之举，还是匹夫之勇？

居然敢去刺杀秦王，荆轲真是太了不起了，虽然没有成功，却为所有被秦国压迫的国家大大地出了一口气。实在是解气！

剑客小崔

什么大英雄？哼，我看分明就是匹夫之勇！看样子武功也不太高，那么厉害的匕首，他居然没有碰到秦王一丝汗毛。太不靠谱了！

教书伍先生

话不能这么说，一开始荆轲本来就没打算自己去行刺，而是准备让那个未露面的朋友去。坏就坏在那秦舞阳身上，真正做起大事来，却是个草包！

赵屠夫

依我看，太子丹更没大脑，为了报仇，不顾国家安危，一意孤行，最终犯下大错。等着瞧，秦王一定不会善罢甘休的，也许下一个被灭的就是燕国！

小吏欧阳

太子丹因为不能忍受一时的屈辱，而去冒犯如狼似虎的秦国，轻率、浅薄，以致挑起两国纷争，加速燕国灭亡，罪大恶极！竟然还有人把太子丹说成是德才兼备的人，可笑可笑！

史官魏先生

牺牲燕国，还是牺牲儿子？

穿穿老师：

您好！我是燕王喜。我那不争气的儿子丹前段时间派人去刺杀秦王，结果失败了。唉，他也不想想，秦王是什么人，岂是一个刺客就能奈何得了的？

现在可好，得罪了秦王，一准没好果子吃。前不久（公元前226年），秦王已经派王翦、辛胜来攻打燕国了。秦军声势浩大，我们燕国哪里抵挡得了，被打得节节败退，连国都蓟（jì）城都被他们占领了。

我不得不带着文武百官逃到辽东，谁知秦军追得很紧，根本就没有放过我的意思。前几天，代王赵嘉给我写了一封信，说秦军如此咄咄逼人，就是因为太子丹的缘故，只要我杀了太子丹，将他的人头献给秦王，秦王就能谅解我，从而保住我的国家。

唉，太子丹虽然冲动，但毕竟是我儿子，我怎么忍心杀他？可是，我若留下他，秦王又怎么会放过我呢？我该怎么办才好？

燕王喜

燕王：

您好！秦王之所以攻打燕国，并不仅仅是因为荆轲去刺杀秦王，即便没有刺秦这回事，秦王一样要灭掉燕国，乃至所有阻碍他一统天下的国家。而荆轲刺秦一事，顶多是加快了秦国攻打燕国的步伐。所以就算您现在把太子丹的人头献给秦王，秦军也不会停止进攻。

所以请您千万要想清楚，不要一时糊涂，铸成大错呀！

《穿越报》编辑 穿穿

【可惜燕王最终还是杀了太子丹，将他的人头献给秦王，但秦王并没有就此罢兵，终于在三年后（公元前222年）攻占辽东，彻底灭掉了燕国。】

越越 大嘴记者

荆轲 特约嘉宾

嘉宾简介：在秦王以武力统一天下的同时，百姓的不满与反抗也与日俱增。而他也因为好名轻死、尚侠重义，卷入了一场惊天动地的刺杀行动。不管结局如何，就凭那一股视死如归的勇气，他就足以成为一段传奇，流传千古。

越越：荆卿您好！听说您剑术了得，可否让我开开眼界？

荆轲：（摆摆手）我们学习剑术可不是为了出来显摆的，何况，剑法比我好的人多的是，我可不想贻笑大方啊，见谅！

越越：您真是太谦虚了！您的剑术之高，天下公认。难道当今世上还有比您更厉害的剑客吗？

荆轲：当然，俗话说，“山外有山，人外有人。”只是你没见过而已。

越越：哦？是谁呀？

荆轲：盖聂你知道吗？他就比我厉害。早年我去过他的家乡，和他一同探讨过剑术。

越越：哇，那一定是一场惊天地、泣鬼神的决斗！

荆轲：请注意，是探讨，不是决斗！

越越：那太没劲了。剑术这个东西，一定要真刀真枪地较量过了，才能真正分出高下。

荆轲：（大笑）这你就不懂了！所谓高手，言语之中便可分出高下呢！

越越：那你们谈的结果如何？

荆轲：刚说了没几句，盖聂就气冲冲地朝我瞪眼，我只好离开了。

越越：他干吗瞪你？

荆轲：可能是觉得我有不对的地方吧。我也自认为剑术不如他就走了。

越越：（叹了口气）照这么说，后来您和赵国的鲁勾践博戏（一种赌博游戏），被

他呵斥，也无言以对，也是自认技不如人喽？

荆轲：那倒不是。那次我是觉得没必要为这种事情争执不休。为小事动怒，犯了剑客的大忌。

越越：（伸出大拇指）嗯，不愧为一代豪侠。想必愿意跟您交朋友的人不少吧？

荆轲：（若有所思地）说起来，我的朋友并不算多，但是每一个都是生死之交。

越越：比如？

荆轲：比如高渐离（燕国击筑名家）。我们经常在一起喝酒，喝到兴头上的时候，他击筑、我唱歌，在大街上相拥而泣，好多人都以为我们疯了呢！

越越：嘻嘻，文艺青年果然不一样，干什么都这么有个性！听说您还有一个好朋友，是当今燕国太子丹。

荆轲：（眉头紧锁）这事你怎么知道的？

越越：嘿嘿，我还知道是田光先生牵的线。太子丹还告诫田先生不要将事情泄露出去，田先生觉得自己受到了怀疑，便拔剑自刎，以死明志……

荆轲：（惊讶）你还知道些什么？

越越：我知道得不多。比如您，我只知道您不是燕国人。

荆轲：嗯，是的，我的祖上原是齐国人，后来迁到了卫国。我呢，喜欢四处游历，去了很多国家，现在待在燕国。

越越：那为何要为燕国太子丹卖命呢？

荆轲：一来盛情难却，二来六国百姓在暴秦统治下，苦不堪言，我也想为大家做点什么。

越越：噢，原来先生还胸怀大志。我还以为您只是为了报答太子丹的知遇之恩呢！

荆轲：你连这个都知道？

越越：先生千万别跟太子丹说啊，不然我小命不保了。

荆轲：你再说下去，不仅是你的小命，就连我的大事早晚也会坏掉！告辞了！（起身便走）

越越：（自言自语）哎呀，是不是我说得太多了。荆卿，等等。

（本次采访于荆轲刺秦之前。）

广告铺

铸剑广告

本人擅长铸剑，所用材料均为纯度最高的青铜，再加上巧夺天工的铸造工艺和童叟无欺的价格，能最大限度满足各位顾客的需求。除剑以外，本人还承接匕首铸造业务。本人所造匕首吹毛即断，削铁如泥。如有需要者，欢迎前来定制。

徐夫人

通缉令

太子丹和门客荆轲串通一气，图谋刺杀秦王。如今荆轲已经伏法，但仍有其同党逍遥法外。现重金悬赏取下太子丹及门客头颅的人。凡提供线索者必有重赏；如有知情不报者，视为同罪，定斩不饶！

秦国廷尉司

代国招贤公告

我是赵国王室后裔赵嘉，现于代地重新建国。凡是在逃的前赵官员，只要仍忠于赵国，代国随时欢迎你们。而且我已与燕国合兵，共同驻扎在上谷，对抗秦军，欢迎有识之士前来投奔。

代王赵嘉

第6期

公元前225年—公元前221年

一统山河

秦始皇卷

穿越报

CHUANYUE BAO

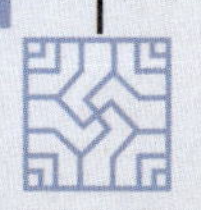

穿越必读 CHUANYUE BIDU

韩、赵两国灭亡，燕国都城也被秦军占领，名存实亡。六国中只剩下魏、楚、齐三个国家。但是，秦王会就此停下征伐的脚步吗？当然不会，接下来，秦国将目标对准了魏国和楚国，最后，孤独的齐王不得不向秦王俯首称臣。

水淹大梁

——来自魏国都城大梁的加密快报

公元前225年，秦王嬴政派大将王贲（bēn）率军攻打魏国都城大梁。

无奈大梁城池坚固，城内粮草充足，多次进攻都以失败而告终。

如何找到突破口呢？为此，王贲伤透了脑筋，其他人也绞尽脑汁想办法。终于有一天，王贲在视察地形时发现，大梁在地理位置上存在先天缺陷：黄河从离城数里的地方流过，而大梁的地势远远低于黄河的河床！

真是天助秦也！王贲眼睛一亮，立刻想出一个好主意，当即命令六万秦军在大梁城北面夜以继日挖水渠，把黄河的水引过来。

很快，水渠挖通了。滔滔的黄河之水像脱缰的野马，咆哮着冲向大梁，大梁城顿时成了一片汪洋。

大梁的城墙原本是土制的，经水一泡，三个月就坍塌了。

秦军趁机涌入大梁城，活捉魏王假，夺得了魏国的全部土地。

在这里，我们不得不沉痛地告诉大家——魏国也灭亡了！

不辱使命，保安陵

秦国灭掉魏国后，又瞄准了魏国的属国安陵。可是，秦王一时间找不到攻打安陵的理由，于是派了一个使者对安陵君说，想用方圆五百里的土地来交换安陵。

安陵君回复说：“大王施以恩惠，用大地盘交换小地盘，实在是一桩善事；但我从先王那里接受了封地，愿一直守卫它，不敢用来交换。”

秦王听了很不高兴，开始谋划攻打安陵的事。

为了避免战祸，安陵君派谋士唐雎（jū）出使秦国。

秦王见到唐雎，气就不打一处来，说：“寡人用五百里土地交换安陵，安陵君却不肯，为什么？韩、赵、魏三个大国都被寡人灭掉了，安陵只有方圆五十里的土地，却能幸存下来，是因为寡人把安陵君看作长者，所以不打他的主意。现在寡人用十倍的土地来交换安陵，安陵君也可以借此机会扩大领土，这是一举两得的事情，他却不愿意，是因为看不起寡人吗？”

面对秦王的责问，唐雎不紧不慢地说：“就像安陵君说的那样，他从先王那里继承的封地，就算是方圆千里的土地也不敢交换，更何况区区五百里呢！”

听了这话，秦王勃然大怒，说：“先生曾听过‘天子之怒’吗？”

唐雎回答说：“我未曾听说过。”

秦王说："天子发怒的时候，会横尸百万，血流千里。"

唐雎反问道："那大王听过'百姓之怒'吗？"

秦王嘲笑道："百姓发怒，无非是摘掉帽子，光着脚，把头往地上撞罢了。"

唐雎说："那是庸人之怒，不是勇士之怒。当年专诸刺杀吴王僚的时候，彗星的尾巴扫过月亮；聂政刺杀韩傀（guī）（韩烈侯的叔父）的时候，一道白光直冲太阳；要离刺杀庆忌的时候，苍鹰扑在宫殿上。他们三位勇士，怒气还没发作，上天就降下了预兆。现在，如果加上在下，就有四个这样的人了。假若勇士被逼得发怒的话，现在就会有两具尸体倒下，五步之内淌满鲜血，天下百姓便都要穿丧服了。"说完，唐雎拔出剑来，准备与秦王同归于尽。

这摆明是赤裸裸的威胁。秦王见了，大惊失色，赶紧向唐雎道歉，说："先生请坐！先生何至于此！寡人已经明白了，之所以韩、赵、魏三大国灭亡，但安陵却凭借五十里土地幸存下来，正因为有先生您在啊！"

就这样，凭借着过人的胆识，唐雎出色地完成了使命，保住了安陵国。

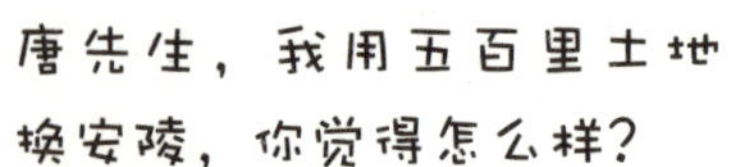
唐先生，我用五百里土地
换安陵，你觉得怎么样？

不换！

真不换？
我可生气了啊！

我也会生气啊！
你生气是要土
地，我生气可是
要拼命啊！

嘿嘿，开个玩笑，别
那么认真嘛！

“二十万”与“六十万”

灭魏国之后，秦王接下来的目标就是楚国了。楚国也是大国，有一天，秦王询问将军李信：“根据卿的推测，出兵楚国需要多少人马才够？”

李信自信满满地回答：“二十万人就足够了。”

秦王又问大将王翦，王翦则回答：“非六十万大军不可。”

听了这话，秦王摇摇头，说：“看来王将军已经老了，怎么如此胆小啊！”

于是，秦王便派李信、蒙恬率领二十万人进攻楚国。对秦王的决定，王翦深感无奈，只得称病辞官，回到故乡频阳。

刚开始，李信的军队攻克了一些城池，可是，没过多久，楚军绕到秦军的后方，来了一场出其不意的反击战。李信被打得大败而归，逃回了秦国。

这下秦王傻眼了，万分后悔当初没有听从王翦的意见。于是，秦王亲自前往频阳，向王翦道歉说：“我没有采用将军的计策，是我错了，如今李信果然使秦军受辱。楚军正向秦国的边境逼近，将军虽然患病，但您难道忍心抛下秦国不管吗？”

王翦推辞道：“我实在病得不能打仗了。”

秦王知道他是装的，便说：“好了，请将军不要再这么说了！”

王翦说：“如果大王不得已，一定要用我的话，那就给我

六十万人！”

秦王没办法，只能依照他的要求。

于是，王翦率领六十万大军出发了，秦王亲自送他到霸上。王翦请求秦王赏他一些良田美宅。秦王笑着问：“将军打仗就打仗吧，为什么还要担心日后受穷呀！”

王翦说：“这次出征，就算立下战功，也未必能封侯，所以趁现在大王正看重臣，请求赏赐些田宅，好为子孙留下产业啊！”

秦王听后，哈哈大笑起来，劝他不要担心。

王翦率军出发，走到武关，又陆续派了五位使者向秦王请求赏赐。

属下的人说：“将军这样向秦王求讨东西，未免太过分了吧！”

王翦答道：“我向大王求讨田宅，不过是个幌子。大王生性多疑，如今我出兵楚国，将国中的士兵调拨一空，若不假装多求田宅，为子孙谋产业，以表示坚决为大王效力，大王一定会对我有所怀疑！”

属下的人听了，这才恍然大悟，不得不佩服王翦心思缜密。

王翦葫芦里卖的什么药?

王翦在玩什么把戏？六十万大军都到平舆城外了，却停在那里不进攻，已经快整整一年了。难道他们是来玩过家家的吗？

稻农老丁

秦军士兵周尚

是啊，楚军都出来叫了好多次阵，他就是不肯应战，还跟我们说什么稍安毋躁，吃好、喝好、休息好，我是越来越看不懂了。

喂，今天投石子的游戏谁赢了？我听说王将军今天还问了这事，还说要和咱们一起玩呢！咱们在这儿待了快一年了，什么时候才有仗打呀？

秦军士兵李铁

秦军士兵赵吉

楚军终于放松警惕了，听说楚国大将项燕把军队调往东边去了，这是我们的好机会！王将军已经下令突袭楚军，我们大展身手的机会来了！

（王翦趁楚国调军时发动突袭，大破楚军。公元前223年，秦军俘虏楚王刍，楚国灭亡。）

齐王是个糊涂蛋

楚国灭亡以后，六国之中只剩下了一个齐国了。

齐国东靠大海，不与秦国相邻。由于秦国采取远交近攻的策略，因此当相近的韩、赵、魏、燕、楚五国饱受战火侵袭的时候，遥远的齐国却是一片歌舞升平。

齐国能有这样的局面，还得益于一个人，她就是齐王田建的母亲——君王后。

君王后贤惠且有才干，在她的领导下，齐国在与秦国的交往中，始终保持谦恭谨慎的态度，对其他诸侯国也奉守信义，所以很长一段时间里，齐国与其他六国都相安无事。

然而，君王后死后，她的弟弟后胜出任相国。这人没什么本事，还贪得无厌。

秦王知道后胜的这个弱点，便给他送去大量金银财宝，叫

他怂恿齐王跟秦国搞好关系，不要去援助其他五个国家。

齐国的宾客来秦国后，秦王也赏给他们不少钱财。因此这些宾客回国后，都为秦国说话，劝齐王不必修建防御设施，还劝他去咸阳朝拜秦王。

田建被这帮人一忽悠，还真打算去，结果被雍门司马拦住了，说：“齐国要设立国君，是为了国家，还是为了国君自己啊？”

齐王说：“当然是为国家。”

司马说：“既然是为了国家，那您为什么还要离开齐国，而到秦国去呢？”

齐王听了，这才改变主意，调转车头返回王宫。

齐国大夫即墨听说了这件事，还以为齐王改变主意，不再巴结秦国了，于是立刻觐见齐王说：“齐国土地方圆数千里，军队数百万。现在五国虽然亡了，但韩、赵、魏三国的官员都不愿接受秦国的统治，已有数百人逃亡到我们齐国。楚国也有几百名官员逃亡到齐国。大王将这两批人召集起来，分别给他们一百万军队，让他们去收复韩、赵、魏三国以及楚国的失地，如此一来，不仅能树立齐国的威望，还能分散秦国的兵力，打败秦国也不是不可能的！”

只可惜，齐王根本听不进去。

齐国有这样一个糊涂的君王，真是够倒霉的。齐国的命运最终将走向何方？相信再过不久，我们就能得到答案。

我想向秦国投降

穿穿老师：

您好，前不久（公元前221年），秦国大将王贲突然率军攻打齐国，如今已经打到了都城临淄。怎么办呢？齐国的国力虽然不弱，可怎么打得过如狼似虎的秦国呢？

昨天秦国派来使者跟我说，只要我肯投降，秦王就给我五百里的土地，让我好好过日子。

我想了想，齐国反正保不住了，得到五百里土地，总比什么都没有，还要丢掉性命强吧！所以我准备向秦国投降，穿穿老师，您觉得怎么样？

齐王　田建

齐王：

您好！齐国国土方圆数千里，区区五百里土地又算得了什么呢？更何况，齐国是田氏祖先留下来的基业，怎么可以拱手送人？所以秦国就算再怎么厉害，齐国也要拼上一拼，这样才对得起齐国历代的君王啊！

更何况，秦王向来不守信用，您千万不要轻易相信他的话呀！最后祝您好运！

《穿越报》编辑　穿穿

【最终，齐王向秦国投了降。秦王故意把他安置在一个偏远的地方，将他活活饿死了。】

越越 大嘴记者

王翦 特约嘉宾

嘉宾简介：秦国大将，战国四大名将之一，与廉颇、李牧和白起齐名。在秦灭六国的统一战争中，他与儿子王贲联手灭掉了六国中的五国，可以说是秦国最大的功臣。相信他们父子俩的名字也将随着秦朝一统天下的浪潮，流芳百世。

越越：王将军，您好！您比我想象中还年轻啊！

王翦：（谦虚地）我老了，现在是你们年轻人的世界了！

越越：哪里哪里。现在连秦王都要敬您三分，尊您为老师呢！

王翦：（摸摸胡子）呵呵，秦王这是看得起我，才这么叫我。不然我一介武夫，哪里受得起这种殊荣？

越越：哎呀，您老就别谦虚了，您打了这么多仗，几乎从没输过。六国，您就打败了五国，真是太神了！

王翦：那也不是我一个人的功劳，还有一半应该算在我儿子王贲身上。

越越："虎父无犬子"，您儿子那么厉害，也是您培养得好，还是您厉害！

王翦：不管我有多厉害，我儿子有多厉害，如果秦王不重用我们，不相信我们，我们再厉害，也没办法立下这样的功劳啊！

越越：是哦，我也听说秦王对您是相当重视啊，还要把女儿嫁给您呢！

王翦：（噗的一声，一口茶吐了出来）咳咳……原来你们还报道这种八卦新闻呀？这事可能吗？你也不想想，我比秦王大足足二十岁，他的女儿相当于我的孙女，要是嫁给我，那不是天大的笑话吗？啧啧，现在的人可真行，什么话都编得出来。你们这些做记者的，可千万不要跟着瞎起哄啊！

越越：好吧，还是说说您带兵打仗的事儿吧！有人说您打仗全靠人海战术，人少了就打不了胜仗，比如攻打楚国，您就要了六十万的兵马。

王翦：（冷笑一声）谁说的！这打战有的时候得靠人多，更多的时候得靠头脑！当年攻打赵国阏（yān）与的时候，我的人多吗？我只用了平常五分之一的士兵，就攻下了十座城池！

越越：哎呀，我这个记者太失职了，得到的消息都这么不靠谱。今天由您亲自澄清，真是再好不过了。

王翦：你啊，不要见风就是雨。要是军队像你们这样，早就死了八百回了，还能消灭六国，统一天下吗？

越越：将军教训的是。（脸红，赶紧转移话题）那现在六国已经灭亡，您有何打算？

王翦：（若有所思）我已经决定，向秦王告老还乡。

越越：秦王刚刚扫平六国，正是用人之际，您怎么就告老还乡了呢？

王翦：伴君如伴虎啊！你想想，“战神”白起，他的功劳不在我之下，可是最后还不是落得个自刎而死的下场。这是因为他没有功成身退的缘故啊！

越越：这么说也不是没道理，不过您作为一代名将，平定六国，功绩卓著，可却不能进一步辅佐秦王，巩固国家根基，实在是可惜呀！

王翦：嘿嘿，这种事，“如鱼饮水，冷暖自知”。好了，我该走了，小记者，后会有期啦！

越越：嗯，再见！

广告铺

天下聚饮

目前我们已经征服了韩、赵、魏、楚、燕五国，实在是可喜可贺。为了庆祝此事，我建议所有军民好好畅饮一番，王宫补贴每户人家烧酒若干，但不可酗酒闹事，大声喧哗，违抗命令者必受重罚。

秦王嬴政

代王赵嘉被俘公告

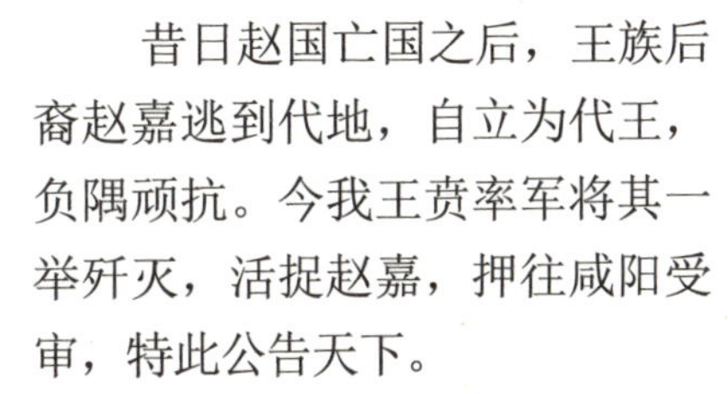

昔日赵国亡国之后，王族后裔赵嘉逃到代地，自立为代王，负隅顽抗。今我王贲率军将其一举歼灭，活捉赵嘉，押往咸阳受审，特此公告天下。

王贲

仿建六国宫殿的诏书

凡是原六国的宫殿，要依葫芦画瓢，在咸阳城北的山坡上进行重建。在泾水与渭水相交的地方，宫殿屋宇、天桥、楼阁都要连接起来，并把各国美女、钟鼓等乐器都安置在里边。

秦王嬴政

智者无敌 王者为大

1. 韩非是谁的学生？
2. 韩非是怎么死的？
3. 公元前229年，率军与秦将王翦对抗的赵国将领是谁？
4. 韩非是诸子百家中哪个学派的代表人物？
5. 韩非的代表作是什么？
6. 太子丹送给秦王的两份礼物分别是什么？
7. 把荆轲引荐给太子丹的人是谁？
8. 易水送别中，高渐离所奏的乐器叫什么？
9. 燕王喜最后是怎么处置太子丹的？
10. 灭赵、魏、楚、燕、齐五国的秦国将领是哪两位？
11. 魏国灭亡后，安陵君派谁出使秦国，因此保住了国家？
12. 王翦攻打楚国时，向秦王要了多少人？
13. 齐王田建投降秦军后的下场是什么？
14. 公元前221年，秦国大将王贲突然率军攻打哪个国家？
15. 战国四大名将分别是谁？

第7期
公元前221年

始皇之治
秦始皇秀

穿越报
CHUANYUE BAO

【烽火快报】
- “十二铜人”大曝光

【叱咤风云】
- 中国第一位皇帝诞生了
- 分封诸侯还是设置郡县

【文化广场】
- 皇帝之印——传国玉玺

【名人有约】
- 特约嘉宾：嬴政

【广告铺】
- 小篆培训班开学了
- 声调更改通告
- 黑为我朝的标准色
- 大秦的吉利数字六

穿越必读 CHUANYUE BIDU

公元前221年，秦王嬴政终于完成了统一大业，建立了一个全新的大秦帝国。为了巩固统治，秦始皇又开始了一场史无前例的改革计划：统一文字、货币、度量衡，设置郡县等。

“十二铜人”大曝光

——来自咸阳的加密快报

咸阳的加密快报！

公元前221年，秦王嬴政命人铸造了十二座铜人，每个重达一千石，放置在宫殿中。

秦王为什么要打造这十二尊铜人像呢？它们有什么特别意义吗？

原来，自从征服六国，一统天下之后，从六国缴获的兵器就堆满了仓库，为此，秦王很是头痛。

铁质兵器比较好办，将它们打造成农具，租给农户使用。可是除了铁器，剩下的大多是铜质兵器，该怎么处理呢？

有人提出建议，将铜质兵器熔铸成巨型铜人像，立在宫殿前门的两旁，这样既可以防止这些兵器落到别人手里，又可以增加秦国的威慑力，还可以用来昭告世人，秦国再也不会轻易发动战争，百姓从此可以安享太平了。

秦王批准了这一建议。一段时间后，十二尊亮闪闪的铜人矗立在了宫门前，一个个威武雄壮，神采飞扬，好不壮观。前来观看的人络绎不绝，纷纷赞叹。

搬家的烦恼

穿穿老师：

您好！我是原魏国大梁人，以冶铁为生，经过好几辈人的努力，我的家族好不容易在魏国立稳了脚跟，成了大梁小有名气的富商。

可是现在，秦国占领了大梁，秦王还下了一道死命令：天下所有的富豪商贾统统都要迁到咸阳去。

这可如何是好呢？我家的产业都在大梁城，一旦搬家，财产又不能随身携带，还不都被他们收走了？秦王这不是明摆着抢我的家产吗？没了家产，到了咸阳之后，我靠什么生活呀？

大梁商人　孔氏

孔先生：

您好！我私底下认为，秦王下这道命令的目的，不是为了抢夺您的财产，主要还是出于政治上的考虑。

六国原有的富豪和贵族在当地都有一定的势力，秦王非常担心他们造反。而这些富豪和贵族迁到咸阳后，影响力便会随着他们的西迁而消失，不再给秦王的统治造成威胁。

至于财产方面的损失，也是没有办法的事。其实咸阳也是个不错的地方，以您的本事，一定可以东山再起，再次成为富豪。祝您好运！

《穿越报》编辑　穿穿

【迁到咸阳后，孔氏重操旧业，依旧做冶铁生意，很快又富了起来。】

中国第一位皇帝诞生了

据咸阳传来最新报道，从今以后，咱们的秦王不再叫秦王，改叫皇帝了。这是怎么回事呢?

原来，秦王灭掉六国后，便对大臣们说："如今天下已定，秦王这个称号已经不适合我了。大家一起商量商量，改成什么比较好？"

廷尉李斯趁机奉承说："古代帝王中，最有名的莫过于三皇五帝。现在您征讨四方，平定天下，如此功业，连五帝也比不上。而三皇之中，泰皇最为尊贵，所以我们冒死献上尊号'泰皇'。从今以后，泰皇发的命称为'制书'，下的令称为'诏书'，泰皇自称'朕'。"

听了这番话，秦王心里别提多高兴，说："去掉'泰'字，留下'皇'字，采用五帝中'帝'字，称为'皇帝'，其他就按你们说的办吧。"

于是，皇帝的称号就这么定下来了。秦王还下令说："过去一位君王死后，人们会根据他生前的品行事迹给个谥号。这样做，不就是儿子议论父亲，臣子议论君主吗？我认为不妥，所以我宣布，从今以后，废除谥号。我就叫始皇帝，后代依次称二世、三世直到万世，代代相传，无穷无尽。"

就这样，中国第一位皇帝诞生了！

我们是三皇！谁比我们更大？

我们是五帝，谁比我们更牛？

哈哈，我是秦始皇，中国的第一个皇帝，我才是最大、最牛的，你们都得靠边站！

分封诸侯还是设置郡县

秦始皇统一全国后，国土面积一下子扩张了十几倍。面对这么庞大的国家，该怎么管理呢?

针对这个问题，丞相王绾（wǎn）等人进言说：“各诸侯国刚刚被打败，燕国、齐国、楚国地处偏远，假如不在那里设置诸侯，怕是难以镇抚。因此请陛下封各位皇子为诸侯，派他们去镇守各国疆土。”

看得出来，王绾想要巴结各位皇子，才想出这重设诸侯的点子。可始皇帝一点也不糊涂，叫来一群大臣，共同商议此事。

大家七嘴八舌地议论了一通，几乎异口同声地肯定王绾的建议。只有一个人没有掺和进来，他就是廷尉李斯。

始皇帝注意到了李斯的态度，便问他有什么意见。

李斯回答说：“从前周文王、周武王分封了很多同姓王，起初大家血缘相近，关系都很好，可渐渐地，他们的后代开始疏远，相互攻击，变得像仇人一样。诸侯之间彼此征战，连周天子也无法阻止。如今天下好不容易得到统一，一旦分封，只怕会重蹈覆辙。所以臣认为，对皇子功臣，陛下用财物重重赏赐就好了，这样也便于控制，设置诸侯并没有好处。”

始皇帝满意地点点头——看来这话说到他心坎里去了，说：“以前天下老是打仗，百姓深受其害，都是那些诸侯王挑起的。现在好不容易天下统一了，刚刚安定又设立诸侯国，这不等于是又要挑起战争吗？所以还是廷尉说的对。”

于是，始皇帝下令，把全国划分为三十六个郡，每郡设置郡守、郡尉、监御史三种职位，郡守由皇帝直接任免，不得世袭。

统一文字、货币、度量衡

始皇帝虽然灭了六国，统一了天下，可他统一的只是土地和人口，其他很多东西还是乱糟糟的。比如说，原来七国使用的文字就各不相同，说话的口音也不一样，这叫天下百姓怎么交流呢？

某教书先生

李书生

别着急！我听说始皇帝开始统一文字了。从今以后，大家写字一律只准用小篆，其他的文字全部废除。小篆可比大篆简单多了，相信很快就能在全国各地推广开来。而且只要文字统一了，说话口音不一样也没关系，一看字大家就都懂了。

不仅如此，始皇帝还统一了货币呢。以前七国使用的货币也各不相同，有的长，有的短，有的像刀子，有的像鬼脸，总之，流通起来极不方便。现在好了，始皇帝废除了各国原有的货币，并发行了两种天下通用的货币，这样一来，大家做买卖就方便多了。

商人秦老板

茶馆张老板

始皇帝还统一了度量衡，度分为寸、尺、丈、引；量分为斗、升、斛；衡以十钱为一两，十六两为一斤，一百二十斤为一石。他还把这些铭刻在官方的度量衡器上，发到全国，作为标准器具。

始皇帝的这些改革，没有一件不涉及百姓生活的方方面面，极大地维护了统一，一定能名垂青史。

史官无名氏

皇帝之印——传国玉玺

除了“皇帝”这个称呼外，秦始皇还发明了一样东西，那便是“传国玉玺”。

什么叫“传国玉玺”呢？就是皇帝专用的印章，又叫“传国玺”。据说，这枚玉玺由闻名天下的和氏璧精雕细刻而成，上面由李斯用虫鸟篆（篆书的一种）书写了“受命于天，既寿永昌”八个字。

“传国玉玺”是皇帝独有的物品，被视作“皇权神授、正统合法”的信物，象征着天子的最高权威。所以，只有拥有了它，一个皇帝才称得上是名正言顺的天子。

关于玉玺，还有过很多离奇的传闻。据说有一次，秦始皇南巡，行到洞庭湖时，风浪骤起，眼看船就要被打翻，这时，始皇帝赶紧把玉玺抛进湖里，风浪立刻平息了，始皇帝才得以平安过湖。

还有一次，始皇帝不小心把玉玺弄丢了，为此懊悔得不得了。就在大家都以为这玉玺丢了的时候，走到华阴平舒道时，有人手持玉玺，站在始皇帝出巡必经的道的中央，对始皇帝的侍从说：“请将此玺还给祖龙（秦始皇的代称）。”说完就不见了踪影。

丢失多年的玉玺又奇迹般地重新回到了始皇帝手中。

当然，这些只是传闻，至于是真是假，就有待考证了。

越越 大嘴记者

赢政 特约嘉宾

嘉宾简介：他好像没有什么特别的才能，却聚集了几乎全天下所有一流的军事家、思想家，让他们为秦国尽心尽力；他从来没有亲率军队打过仗，却取得了比任何人都要辉煌的成就，开创了一个崭新的帝国。他就是中国有史以来第一位皇帝——秦始皇嬴政。

越越：陛下您好！恭喜您一统天下，完成霸业！现在您可是千年等一回的超级偶像呀！

嬴政：（笑容可掬）小记者可真会说话，说吧，想要什么赏赐，朕绝对满足你！

越越：（心花怒放）我不是在做梦吧？！无论提什么要求，您都会答应吗？

嬴政：当然，君无戏言。

越越：我仔细想想（抓耳挠腮），那我要您回答我几个问题！

嬴政：（仰头大笑）哈哈，我当是什么！好，那你尽管问吧！

越越：陛下真是爽快！请问吞灭了六国后，秦国的领土大概有多大了？

嬴政：不大不大，大概、可能、也许有三百多万平方公里吧？

越越：（目瞪口呆）这还不大啊？

嬴政：比起我的野心来，哈哈，这不过是沧海一粟吧！

越越：那陛下的野心不小。

嬴政：这不是我一个人的野心，是我父亲，我父亲的父亲，我父亲的父亲的父亲，共同的心愿！今天的一切，也不是我一个人的功劳，是我们数代人共同努力的结果！

越越：那您认为六国灭亡的原因是什么？

嬴政：（清了清嗓子）这个嘛……当然是实力决定一切了！我

大秦在秦孝公时期，经过商鞅变法，国力日渐强盛，而其他六国，因循守旧，不懂变通，被我大秦消灭也是理所当然。

越越：那您的意思，今天吞灭六国，全是商鞅的功劳？

嬴政：商鞅？商鞅还不是我们大秦的人，没有我大秦，商鞅到何处去变法，英雄也得有用武之地不是？

越越：嘿嘿，其实说来说去，六国灭亡无非是一个原因喽！

嬴政：（饶有兴趣地）什么原因？

越越：因为秦国出了一位英明神武、雄才大略的君主啊！

嬴政：（龙颜大悦）这都被你想到了，小记者果然聪明伶俐，前途不可限量呀！要是你想当官，“三公九卿”都不在话下！

越越：什么是“三公九卿”呢？

嬴政：“三公”指的是丞相、太尉和御史大夫，这可是我大秦朝最高的官位了；“九卿”是指奉常、郎中令、卫尉、太仆、廷尉、典客、宗正、治粟内史和少府，这些都是三公以下最重要的职位，关系到国家命脉，百姓存亡。

越越：这么多官，该怎么管理呀！万一他们贪赃枉法或者玩忽职守，您怎么处置呢？

嬴政：官吏犯错，那是罪加一等，刑罚必加，绝无宽恕余地。只有官吏先守法了，百姓才会守法。

越越：您说得太对了！不过您把官吏管理得这么好，事情都让他们做了，那您自己岂不是闲得慌？

嬴政：（摇头）皇帝岂是轻轻松松就可以做得了的？国家大事那么多，我每天不看完一百二十石奏章，都没办法睡觉！

越越：原来您这么勤奋啊！果然是个好皇帝！

嬴政：（笑而不语）

越越：最后一个问题，现在您已经统一了天下，下一步会有什么动作呢？

嬴政：天机不可泄露！

越越：……

广告铺

小篆培训班开学了

众所周知，小篆因字体优美，笔画匀整，便于书写，成为官方统一文字。所以，若您有志成为大秦官员，必须学会该种字体。

为响应朝廷号召，特开办小篆培训班若干期。本班先生跟随李相多年，深得其真传，若您有幸能写得一手跟李相大人一样好的小篆，相信您一定会前途无量！

赛李相小篆培训班

声调更改通告

从今天起，正月的“正”字改为平声，读作“征”，用以避免和陛下的“政”字同音。

大秦御史府

黑为我朝的标准色

从今以后，秦朝的衣服、旗帜、符节等都要以黑色为主色调，不得有误！

大秦奉常寺

（编者注：奉常寺是秦时掌管宗庙礼仪的官署。）

大秦的吉利数字六

六是我大秦的吉利数字。从今起，我大秦子民计数都以六为一个单位。比如官员必须戴六寸高的帽子；走一步为六尺；皇帝所乘的车驾必须要有六匹马；车辆两轮之间的距离统一规定为六尺，无论是原有的车轮还是新造的车轮，都以这个距离为标准。

大秦御史府

穿越报
CHUANYUE BAO

【烽火快报】
- 条条大路通咸阳

【叱咤风云】
- “灵渠”果然很灵
- 征讨匈奴的惊天内幕
- 神秘的秦始皇陵

【文化广场】
- 名将与毛笔

【名人有约】
- 特约嘉宾：蒙恬

【广告铺】
- 攻打越军的通知
- 封赏令
- 关于修建甘泉宫前殿的通知

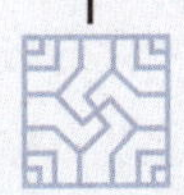

穿越必读 CHUANYUE BIDU

为了巩固帝业，秦始皇不仅推出了一系列改革措施，还下令建造了许多浩大的工程，如驰道、灵渠、五尺道、万里长城、骊山陵等，无一不是史无前例的“大项目”。繁重的徭役弄得天下民不聊生，也为秦朝的灭亡埋下了伏笔。

条条大路通咸阳

——来自咸阳的紧急快报

公元前220年，始皇帝下令以咸阳为中心，修筑数条国道，通往全国各地。这些道路有一个专有名词，叫作“驰道”，因为是直通天子所在的地方，所以又叫“天子之道”。

据说，驰道的中间部分是皇帝的专用车道，普通百姓和大臣，甚至皇亲国戚都不能在上面行走。

咸阳的紧急快报！

驰道以咸阳为中心，四面贯通，全长数千公里，宽五十步（约69.3米），道路两旁每隔三丈（约2.7米）种植一棵青松，远远望去，就像两排威风凛凛的守卫。

始皇帝为什么要修建这样一条条国道呢？

原来，秦国统一天下后，领土骤然扩大，但原来的交通设施却极为简陋，路面宽窄不一，一旦发生战事，极不方便调动士卒和转运粮草。

有了驰道，这些问题就迎刃而解了。不仅如此，驰道还大大促进了经济、文化的交流和发展，加强了中央对地方的控制，有利于维护国家的统一。而且有了驰道之后，我们就可以通过这些大道，直达国家的首都咸阳了。

当然啦，始皇帝给大家带来的惊喜可不止这一个，请继续关注本报报道吧！

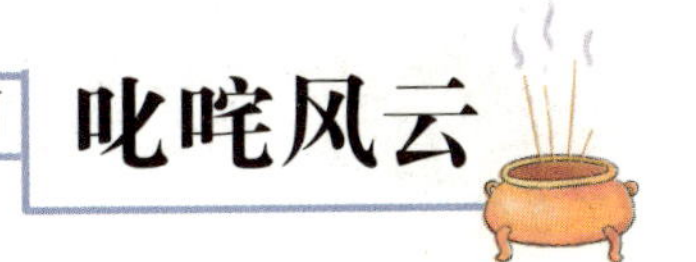

“灵渠”果然很灵

虽然统一了六国，但有一个地方始皇帝至今还没有征服，那便是百越（秦朝对南方少数民族的统称）。

一统天下一直是始皇帝的梦想，他怎么会容忍这种情况出现呢？没多久，他就命大将屠睢兵分四路，进攻南越。

大军一路南下，势如破竹，可是到达岭南地区时，却遭到了当地军民的顽强抵抗。

岭南一带多山，交通不便，越人利用地形优势，打游击战，把秦军戏弄得团团转。双方对峙了三年，谁也没有占到便宜。

这种情况下，军队的后勤补给便成了成败的关键。越人在自己的土地上作战，兵力和粮草的补给自然不成问题。相比之下，秦军虽然兵力远远胜过对方，但由于在千里之外作战，补给方面很难跟上。

怎么办？始皇帝急了。他知道，若不赶紧解决补给问题，几十万秦军无疑要葬送在莽莽群山之中。于是，始皇帝立即召开了一个御前会议，商量该怎么解决这个问题。

大臣们各抒己见，有人说应该增派兵力，有人说应该修一条大路直达南越。显然，这些建议都是一些“门外汉”提的，没一个能入始皇帝的法眼。

这时，有位大臣提出一个建议：修一条水路，从水上运输

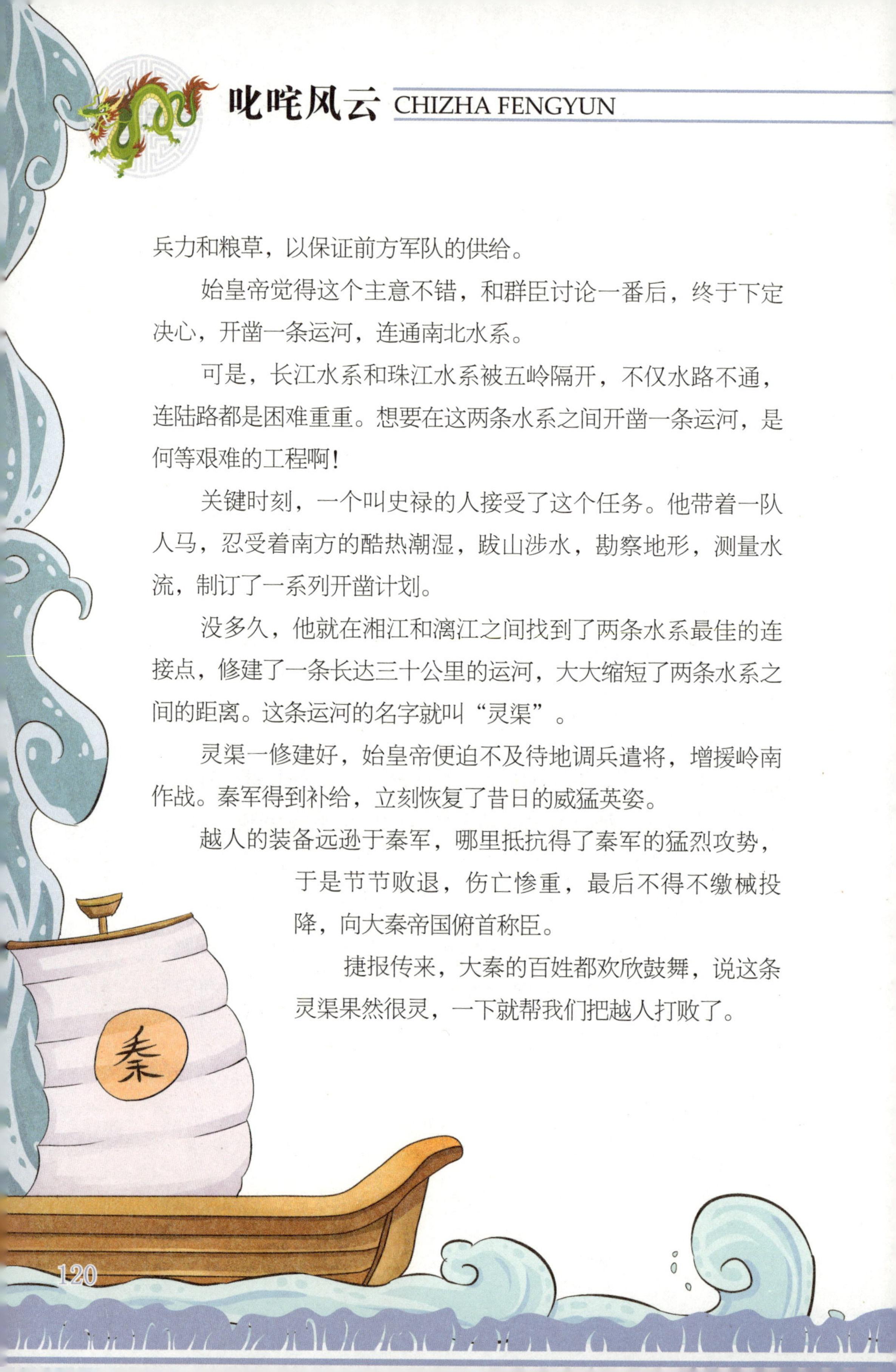

兵力和粮草，以保证前方军队的供给。

始皇帝觉得这个主意不错，和群臣讨论一番后，终于下定决心，开凿一条运河，连通南北水系。

可是，长江水系和珠江水系被五岭隔开，不仅水路不通，连陆路都是困难重重。想要在这两条水系之间开凿一条运河，是何等艰难的工程啊！

关键时刻，一个叫史禄的人接受了这个任务。他带着一队人马，忍受着南方的酷热潮湿，跋山涉水，勘察地形，测量水流，制订了一系列开凿计划。

没多久，他就在湘江和漓江之间找到了两条水系最佳的连接点，修建了一条长达三十公里的运河，大大缩短了两条水系之间的距离。这条运河的名字就叫“灵渠”。

灵渠一修建好，始皇帝便迫不及待地调兵遣将，增援岭南作战。秦军得到补给，立刻恢复了昔日的威猛英姿。

越人的装备远逊于秦军，哪里抵抗得了秦军的猛烈攻势，于是节节败退，伤亡惨重，最后不得不缴械投降，向大秦帝国俯首称臣。

捷报传来，大秦的百姓都欢欣鼓舞，说这条灵渠果然很灵，一下就帮我们把越人打败了。

五尺道路通西南

穿穿老师：

您好，这些年我统一了六国，降服了南越，就连西南的蛮夷地区也被我收服了。

这个地方不仅民族众多，而且地形复杂、危崖耸立，豺狼出没，更有数不清的毒虫鼠蚁，自然条件实在恶劣。

由于上述原因，自古以来，各国诸侯对这个地区只是实行名义上的统辖，实际上并没有派驻一兵一卒。

现在大秦已经征服了各方诸侯，面对这个地方，难道也只能“望洋兴叹”吗？

我偏不信这个邪！如今我想在西南地区设置行政管理机构，加强中央对它的管制，您觉得怎么样？

秦始皇

陛下：

您好！西南地区虽然被称为“蛮夷之地”，但实际上是一块“风水宝地”，这么多年来，西南地区一直没有发生什么战乱，靠的就是它复杂的地理条件。我私下认为，要想有效地控制这里，最好的办法是修路。

有了道路，就可以翻越高山大川、密林峡谷，调兵遣将，运送粮草。两地有了往来，管理起来就容易多了。当然，这条路可不是那么容易修的。祝您好运！

《穿越报》编辑 穿穿

【秦始皇决定开山修路，他花了几年的时间，命人开出一条五尺宽的道路（即后来鼎鼎有名的“五尺道”），并在西南各地派驻了一些官员。】

征讨匈奴的惊天内幕

公元前215年，咸阳传出一个消息，始皇帝命大将军蒙恬率领三十万大军北击匈奴。

这个消息来得有点突然。有人说，始皇帝统一了六国，收服了南越和西南地区后，普天之下已经没有对手，所以只好拿匈奴开涮。也有人说，始皇帝天生好战，一刻也不能消停。

正当大家七嘴八舌、议论不休时，有人曝出一条惊天内幕：始皇帝攻打匈奴，是因为听信了一位术士的谏言。这个术士来自燕国，名字很神秘，大家都称他为卢生。

大家都知道，始皇帝非常相信神仙之术，他四处召集方士，让他们为自己寻求长生不死之药，而卢生就是其中的一个。

可是，卢生每次去都空手而归，始皇帝很不高兴。直到有一次，卢生带回来一本书，上面写了一句话“亡秦者，胡也”。.

“胡”，不就是指匈奴人吗？这句话的意思不就是说，将来灭秦朝的是匈奴人吗？这还得了，好不容易打下来的江山，怎么能断送在匈奴人手里呢！始皇帝二话不说，立即下令征讨匈奴。

三十万秦军一鼓作气，将匈奴人赶到了阴山以北的地方。为了防止匈奴再度南下，始皇帝还决定修筑万里长城。

修长城可是个史无前例的大工程，唉，老百姓又没好日子过了！

七嘴八舌论长城

听说长城西起临洮（今甘肃省岷县），东至辽东，有一万多里长呢！简直就是一条盘亘在崇山峻岭之间的巨龙，好不威武壮观！这样的壮举，也只有始皇帝这样有雄才大略的人才敢去做。

秦军某小兵

佃农老孙头

自从有了长城，大秦与匈奴之间就隔了一道屏障。匈奴人再想南下入侵中原，就必须先跨过它。有了长城的保护，边疆的老百姓再也不用担心匈奴人的铁骑，也不怕再遭受他们的烧杀抢掠啦！

这挨千刀的长城啊！为了修它，始皇帝从全国各地征调了几十万囚犯、民工和士兵。好多人在修长城的过程中活活累死了，尸体直接被埋在砖石之下。可以说，这条万里长城是用老百姓的血肉铸成的！

茶馆张老板

李书生

始皇帝修筑长城，无非是为了保卫国土，让大秦江山永远传承下去。可是，一道城墙真有这么大的作用吗？而且，繁重的徭役弄得民不聊生，百姓怨声载道，严重影响了国家的稳定，始皇帝不能不思考这个问题啊！

总之，修筑长城有好处也有坏处，这是个仁者见仁、智者见智的问题，我们把它留给后人去评说吧！

史官无名氏

神秘的秦始皇陵

到目前为止，始皇帝修筑了驰道、灵渠、五尺道和长城，这些都是非常了不起的工程，每一项工程至少都要耗费五年到十年的时间。

然而，这都不算最长的，还有一项工程所花费的时间要比它们加起来都长，它就是始皇帝的陵墓——骊山陵。

据调查，这座陵墓从始皇帝十三岁登位时就已经开始修建了，一直修到现在还没有修完。看这架势，至少要修到始皇帝驾崩。

骊山陵坐落在骊山脚下，呈正方形，周围有五里长（每边约600米），高五十多丈，简直就是个“巨无霸”。为了修好它，始皇帝动用了七十万劳动力。可见它不仅耗时长，规模也十分宏大！

陵墓内有宫殿、楼阁、朝房，还种植了各种草木，象征着山林绿地；下面铺满水银，象征着江河湖海。陵墓的穹顶镶满珍珠和宝石，象征日月星辰；室内点着用鲸鱼油制成的长明灯，让整个房间亮如白昼。

陵墓设有内城和外城，内城呈正方形，周长二千五百米；外城为长方形，在东面设有城门。成千上万的兵马俑一排排立在城门外，肃穆伟岸、整齐划一。他们个个身穿铠甲，手执武器，威风极了。

不仅如此，陵墓内还设有各种机关，要是有盗墓者敢进去，一不小心就会丢掉性命。

总而言之，这座骊山陵既宏伟又神秘，普通老百姓想看上一眼都很难，只能在想象中去体会了。

名将与毛笔

一般提起名将，人们会立刻想到冰冷的铠甲、锋利的宝刀或高大的骏马等，与毛笔似乎联系不到一起。不过，秦国有一位名将就和毛笔结下了缘，还将毛笔大大地改良了一番呢。

他就是大将蒙恬。据说有一次，蒙将军带兵出征，期间要定期向秦王写战报。当时人们普遍使用的是“竹签笔”，可是，用“竹签笔”写字，蘸了墨没写几下，又要重新蘸，费时费力，非常不方便。

有一天，蒙恬外出打猎，看见兔子尾巴在地上拖出一道血迹，心想：“用兔毛做笔，不是更方便吗？”

他立刻剪下一些兔毛，插在竹管上，试着用来写字。可是兔毛太光滑，不吸墨，根本写不了。蒙恬无奈，随手把兔毛笔扔进了门前的水坑里。

过了几天，蒙恬无意间发现那支笔，捡起来一看，湿漉漉的兔毛变得白了。他用兔毛笔蘸了些墨水，一写，兔毛居然变得“听话”起来，写起字来也很流畅。原来，水坑里的水含有石灰质，能洗去兔毛上的油脂，使兔毛变得柔软起来，也更加吸墨了。

后来，蒙恬又把兔毛换成羊毛，写起字来就更顺畅了。

一时间，天下人纷纷效仿，大家都说，毛笔经过蒙大将军改良后，变得更实用、更方便，书写也更流畅啦。

报告长官，骊山
陵已经修完了。

修完了？你是说陛下
可以住进去了吗？

这要修到什么
时候啊？
笨啊，只要皇
帝不死，谁敢
说修完了。

越越 大嘴记者

蒙恬 特约嘉宾

嘉宾简介：他出身将军世家，是始皇帝身边数一数二的将领。秦朝的统一大业，少不了他；北击匈奴，一举收复北方失地，令胡人闻风丧胆，少不了他；修建万里长城，为帝国北疆打造了一条坚固的防线，保卫国家不受外敌侵犯，也少不了他。他就是本朝首席大将军蒙恬。

越越：蒙将军，您好！能见到您，真是三生有幸啊！

蒙恬：（笑呵呵地）过奖，过奖。

越越：听说将军出身将军世家，想必从小耳濡目染，学了不少兵法吧？

蒙恬：（连连摇头）没有没有，我年少时学的是刑律，不是兵法。

越越：啊？真让人难以相信呢！

蒙恬：哈哈，你别不信，带兵打仗之前，我曾经还担任过审理犯人的文书呢！

越越：那将军您是能文能武啊，怪不得陛下喜欢您，连外出都跟您和您兄弟坐同一辆车子。

蒙恬：（大义凛然）这都是陛下的恩德。我们蒙家承蒙几世皇恩，陛下喜不喜欢，都应报效国家，死而后已。

越越：有你们这样的忠臣，是百姓之福啊！蒙将军跟陛下走得这么近，有一件事，能否跟陛下说一下呢？

蒙恬：什么事？

越越：听说陛下嫌咸阳的宫殿太小，又在修建阿房宫，这项工程十分浩大，仅一个前殿的东西距离就有五百步宽，南北距离有五十丈长，上层可坐上万人，下层可竖立五丈高的旗帜。这样的工程又要耗费无数人力物力，老百姓已经承受不了了啊！

蒙恬：（沉默了一会）你可知道，你这是在非议天子，按当今律例是要杀头的。

越越：（一脸正气）错了就是错了，天子难道就不会犯错吗？我看陛下根本就不会为百姓着想。

蒙恬：你这样说陛下，未免太不公平了。我记得有一回，陛下想扩建猎场，一位叫优旃（zhān）的倡人（歌舞艺人）讽刺说：“好啊，多养些禽兽在里面，等敌人来了，让麋鹿用角去撞他们就可以了。”

越越：他的胆子比我还大呀！陛下一定杀了他，对吧？

蒙恬：（摇头）没有，听了这话，陛下放弃了扩建猎场的计划。

越越：（迷惑地）不是吧，这不太像他的风格呀！

蒙恬：所以呀，你们这些做记者的，说话不要太偏激了。陛下虽然连年大兴土木，耗费了不少劳力，但也不完全是为了自己享受嘛，比如修长城，不就是为了江山社稷？

越越：说起修长城，我又想到一件事……

蒙恬：什么事？

越越：我听说，为了修长城，许多百姓妻离子散，家破人亡。有个叫孟姜女的，为了寻找丈夫万杞良，千里迢迢来到长城，却连丈夫的影子也没见着。

蒙恬：有这等事？长城是我主持修建的，我怎么没听说？她找到丈夫了吗？

越越：（摇头）有人告诉她，她丈夫已经死了，尸骨就埋在城墙下。她知道后悲痛欲绝，放声大哭，结果长城都被她哭得塌了，足足倒了八百里！最后，她终于在倒下的城墙中找到丈夫的尸体。

蒙恬：（皱眉）故事编得好假，这种无稽之谈你也相信？

越越：啊，竟然是假的？（捂脸）呜呜，被民间故事给骗了……

广告铺

攻打越军的通知

明天我们将攻打越军，今晚给大家预备了丰盛的晚餐，请各位将士们吃好吃饱，晚上早点休息，安排好兵士放哨，明天一早我们就进攻了！

越军跟我们的语言不通，请大家掌握几个最基本的交流手语。攻打的时候听好将领的命令，争取明天一战而捷，抓住他们的首领。

屠雎

封赏令

大将军蒙恬率军击退匈奴，收复了河南（今内蒙古河套地区）、高阙（今内蒙古乌拉特中后旗西南地区）、阴山（今内蒙古狼山）、北假（今阴山以南）等失地，功勋卓著，特封为内史令，以示嘉奖。

始皇帝嬴政

关于修建甘泉宫前殿的通知

陛下有令，从今天起，长信宫改名为极庙宫，从极庙宫修一条路到骊山，在骊山建造甘泉宫前殿，再从甘泉宫前殿修一条甬道通往咸阳。请相关部门马上着手开建，不得有误。

大秦御史府

穿越报

CHUANYUE BAO

第9期

公元前213年—公元前212年

焚书坑儒

秦始皇

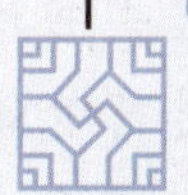

穿越必读 CHUANYUE BIDU

为了控制百姓的思想，维护国家的统一，秦始皇下令，焚烧原六国所有史书和诸子百家的著作，不仅如此，还活埋了四百多名说他坏话的儒生，这就是臭名昭著的“焚书坑儒”。它让秦始皇在历史上留下了千古骂名。

轰动全国的焚书事件

——来自咸阳的加密快报

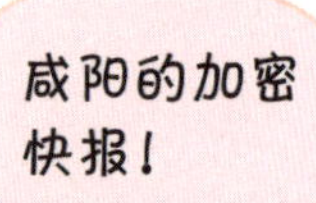

公元前213年，始皇帝突然颁布了一道焚书令，内容如下。

一、除《秦纪》（秦国史书）、医药、卜筮、农家经典、诸子和其他历史古籍外，其他书籍一律交官府销毁。此令颁布三十天后不交的，处以黥（qíng）刑（即脸上刺记号，古代刑罚），并罚苦役四年。

二、胆敢私底下谈论《诗》《书》，借以讽今的人，诛灭九族，官吏知情不报的，与罪犯同罪。

三、禁办私学。如果想学习法令，必须以官吏为师。

诏令一出，全国上下人心惶惶。三十天内，仅咸阳城交出的各类书籍就达两万余车。

这些书籍分别被推进十几个大坑里，统一进行焚烧。一时间，咸阳上空火光冲天，浓烟滚滚。中华文化遭遇了一场前所未有的灾难。

焚书事件来得如此突然，令人不知所措。这其中有什么内幕吗？本报记者将火速赶往咸阳，将真相告诉大家。

焚书事件大起底

关于焚书事件的起因，还得从一次宴会说起。

前不久，始皇帝在宫里举行了一场盛大的宴会。宴会上，许多大臣为了讨皇帝开心，不停地拍马屁，拍得始皇帝龙颜大悦。

有个叫淳于越的人实在看不下去了，说："我听说殷商和周朝的统治之所以长达千年，是因为分封了子弟和功臣。在他们的辅佐下，国家才得以长治久安。如今陛下虽拥有天下，子弟却还是平民百姓，一旦有人夺权，靠谁来相救呢？君王治国，必须要学习古代的经验，才能使国家长久。如今陛下身边尽是些阿谀奉承的人，他们只会加重陛下的过错，哪里是什么忠臣呢？"

始皇帝听了，什么也没说，而是让李斯等大臣一起讨论。

想当年，始皇帝不封王侯而设置郡县，正是李斯的主意。现在淳于越提这个建议，不相当于扇了李斯一耳光吗？

李斯气坏了，立即上书说："由于时代的变化，五帝三代的治国办法也不同。现在人却喜欢称道古代，否定当代，实在是扰乱民心。对这种造谣惑众，不利于统一天下的言行必须禁止，否则将会影响天下的稳定，有损皇帝的权威啊！"

最后，李斯把这一切都归结为读书的罪过，向始皇帝提出了"焚书"的建议。始皇帝一向信任李斯，于是一场轰动全国的焚书事件就发生了。

如何保护古籍?

穿穿老师:

您好！我是孔子的第八代子孙孔鲋（fù），曾受过始皇帝的召见，现在官拜鲁国文通君，任少傅。

早在焚书令下达之前，我的朋友陈余就向我透露风声，说始皇帝即将焚书，而我家里有很多儒家的正宗典籍，我现在处境十分危险，应暂时避一避。

我钻研的不过是些看起来无用的学问，真正了解我的只有朋友，秦朝皇帝并不是我的朋友，我又害怕什么呢?

我个人的性命是小事，可儒家典籍要是没了，那我可就成了千古罪人啊！我想把它们完好地保存起来，您有什么好办法吗?

孔鲋

孔大人:

您好！首先，对始皇帝的焚书令，我个人表示强烈谴责。始皇帝一向专横，要他收回成命恐怕不大可能。因此当务之急，就是先把这些书藏到隐秘的地方。

听说齐郡（今山东省临淄市）有一个叫伏胜的儒生，为了保存家里的《尚书》，在屋里筑了一层夹墙，把《尚书》藏在里面。当士兵来搜的时候，他就装聋作哑，一问三不知，最后逃过了一劫。还有一个名叫孔腾的人，也是把《尚书》《孝经》《论语》等藏在孔府厅堂的夹墙中，成功躲过了搜查。

因此，我建议您也在自家房屋里做一道夹墙，把经书藏起来。因为您是孔子后人，名气很大，所以我还是建议您先躲起来避避风头，等风声过去再说。

《穿越报》编辑 穿穿

【孔鲋把《论语》《尚书》《孝经》等书藏在自家的墙壁里，然后逃到嵩阳隐居起来，暗地里仍旧传授儒家学说。】

两个术士引发的坑儒事件

正所谓一波未平，一波又起。焚书事件才发生没多久，紧接着又发生了一件震惊全国的事件：始皇帝下令活埋四百六十多名术士！

这又是怎么一回事呢?

原来，始皇帝十分宠信术士卢生和侯生，并给了他们大量钱财寻找不死药。一晃过了好几年，这两人却什么都没找到。

卢生怕皇帝责怪，就找借口说："之所以找不到仙人，可能是有恶鬼从中作祟。所以皇帝出行时，千万不可以向人透露行踪，借此躲避恶鬼。这样神仙真人便会到来，不死之药很快就会到手！"

这摆明了是卢生编出来骗人的鬼话，可始皇帝竟然相信了，说："朕真羡慕那些神仙真人！"还自称"真人"，不再称"朕"。从此以后，始皇帝所到之处一律保密，谁敢说出去，杀无赦！

但是，谎言总有被揭穿的时候，卢生和侯生迟迟无法找到不死药，犯了欺君之罪，要被处以死刑。两人一看情况不妙，就收拾东西逃之夭夭了。

两人逃了还不算，还在背后讥讽皇帝说："始皇帝这个人生性暴虐，自以为是。他兼并了天下，统一了六国，便自认为没有人能够比得上他。他手下虽然有七十个博士，但只是用来充数而

已。朝廷里虽然有丞相、大臣，但是这些人说了都不算，只有始皇帝一个人说了算。像他这种专横贪权的人，咱们还替他找什么不死药呀。”

始皇帝听了这话，气得咬牙切齿，说：“卢生等人，朕尊敬他们，给予他们重赏，现在他们竟敢诽谤朕！妖言惑众的一定不止他们两个，背后还有更多人！”

于是，始皇帝下令逮捕咸阳城中所有背后议论过他的人，其中大多是术士和儒生。很多人为了保命，彼此告发，最后牵扯出四百六十多人。始皇帝亲自下令，把他们统统活埋了。他还向全国大肆宣扬这事，以儆效尤。

就因为两个术士在背后议论皇帝，四百多条性命说没就没了。从此，朝廷上下没人敢乱说话了，百姓们更是人人自危。

陛下打算怎么处置卢生？
朕要诛他九族！

可是卢生没有九族啊！他就一个人！
那就把其他术士都抓来活埋，充当他的九族好了。

怎么突然变得好冷！
……
我是不是该去算个卦？

劝谏者的下场

某茶馆老板

始皇帝焚书坑儒，残暴无良，朝廷里那么多大臣，竟没一个人敢站出来说句话，溜须拍马的人倒是一大堆，真是把人品都败光了。

咸阳某小吏

谁说没有！听说始皇帝的大儿子扶苏公子就是一个。他看不惯老爹的所作所为，上书说："天下刚刚平定，远方百姓还没有归附，儒生们饱读诗书，效法孔子，陛下应该给予他们礼遇才对，可现在陛下却不管三七二十一，一律用重法制裁他们，臣担心会导致天下动荡，希望陛下明察。"

李书生

唉，这个扶苏公子心是好的，就是太"不识时务"了。朝中大臣为求自保，一个个闭紧了嘴巴。他倒好，跟老爸对着干。始皇帝是个什么脾气，他又不是不知道。这下好了，始皇帝一道诏令，把他打发到上郡监军去了。

铁匠张大锤

我听说，始皇帝就是嫌扶苏太过仁义善良，一点也不像自己，所以到现在都没有立他为太子。始皇帝这次派他去上郡，一方面是让跟蒙恬将军学习如何治军，另一方面也是想培养他刚毅果敢的性格，将来好当皇帝啊！

双面帝王

始皇帝的暴戾是天下公认的。除了焚书坑儒外，始皇帝在很多事情上都展现出了他的残暴不仁。

当初因为听了卢生的建议，始皇帝对自己的行踪极为保密。一次，始皇帝前往某个宫殿，从山上望见李斯的随从车马非常多，很不高兴。有人将这件事告诉了李斯，李斯立刻减少了车马。

始皇帝见了，愤怒地说："这一定是宫中的人泄露了我的话！"于是审问随从，但是没有人承认。始皇帝就下令，把所有当时在场的人都杀掉！

宫人们都吓得腿脚发软，从此以后，除了皇帝的近侍，再也没有人知道始皇帝的行踪。群臣中凡有事情要奏报的，全都到咸阳宫去等候。

还有一次，一颗陨石从天而降，落在东郡的某个地方。据说陨石降落，象征着帝王将有灾祸。有人因为憎恨始皇帝，就悄悄在石头上刻了"始皇死而土地分"这几个字，意思是始皇帝快要死了，秦朝即将灭亡，土地也将四分五裂。

地方官看到这几个字，不敢隐瞒，赶紧向朝廷汇报。始皇帝听了大吃一惊，立刻派人挨家挨户地查，结果没一个人承认。

始皇帝哪肯善罢甘休，下令将住在陨石附近的人全部捉起来，统统砍了脑袋，并焚化了那块石头。

然而，始皇帝还是觉得不舒服，又让人作了一首《仙真人诗》，等到巡行天下的时候，每走到一个地方，就让乐师弹奏。

始皇帝的这些暴行令天下百姓战战兢兢，生怕一不小心就丢了脑袋。不过，始皇帝果真残忍到连一丝人情味都没有吗？

一次，始皇帝在宫里举行酒宴，当时外面正下着大雨，殿阶下的侍卫们站在雨中，冻得直打哆嗦。

倡人（倡人是古代歌舞杂戏艺人）优旃（zhān）见了，便在大殿上高呼万岁，引起了皇帝的注意。

优旃又对侍卫们说："你们这些侍卫虽然长得高大，却只能站在外面淋雨。我虽然长得矮小，却能在殿中休息。"

始皇帝听了，心里泛起一阵同情，于是准许侍卫们减半值班，轮流接替。

由此看来，始皇帝也不是完全不近人情，他身上也有仁慈的一面，只是大多数人没有发现罢了。

越越 大嘴记者

李斯 特约嘉宾

嘉宾简介：他本是一介平民，却不甘平庸，立志成为人上人；他师从荀子，却放弃儒学，将法家的霸术发扬光大。凭借机智的头脑和很好的口才，他成了始皇帝最信任的人。他就是当今世上一人之下，万人之上的丞相大人——李斯。

越越：李大人，您好！早就听说您的大名，今日一见，果然有一代大儒风范！

李斯：（不悦）我可不是什么儒生！你拿我和那些迂腐的书生作比较，是什么意思？

越越：（不解）您不是儒学大师荀夫子的高徒吗？怎么……？

李斯：荀夫子虽然是我的老师，可是，我更倾向于法家的学问，所以我早就跟那帮儒生划清界限了。

越越：为什么？

李斯：因为他们自命清高，不可一世！他们长期处于卑贱的地位，便把责任归结到朝廷身上，还假装厌恶功名利禄，这不是清高是什么？

越越：不会吧，我觉得很多儒生都挺耿直的呀！

李斯：（嘲讽）你说耿直？淳于越算耿直吧，皇上下令焚书，他跳出来反对。嘿嘿，你瞧瞧他，还不是落了个身首异处的下场！

越越：听说淳于越是您的好朋友，您作为一国丞相，应该可以救他一命的吧，怎么眼睁睁地看着他送死呢？

李斯：我怎么就眼睁睁地看着他送死了呀？他强谏陛下，触犯了律令，要不是我从中周旋，他早就没命了。

越越：可他还是死了呀！

李斯：（摇头）他就是迂腐过头了呀！我好不容易救了他，使他免除一死，革职回乡。谁知他在回乡的路上，又为扶苏代言，泣血上表，谏阻焚书，这回就是天皇老子来了，也保不了他了。我已经仁至义尽了。

越越：我听说他被砍头的时候，是您亲自监斩的？

李斯：（凄楚）唉，我和他总算朋友一场。刑场上，我俩谈了许多知心话，只是我们的人生观实在相去甚远，终究走不到一起呀！

越越：我听一些读书人议论这件事时，说淳于越舍生取义，与诗书共存亡，死得其所；李斯虽然保住了禄位，却要遭受天下读书人的唾骂。

李斯：哼，这些腐儒！

越越：还有人说您建议陛下焚书是有私心的。

李斯：我能有什么私心？

越越：他们说，您利用手中的权力压制其他学术派别，通过焚书之举，彻底清除儒家思想学说，阻碍它的传播。

李斯：哼，那又怎样？焚书这事又不是我首创的，当年商鞅也曾建议秦孝公焚烧《诗》《书》，怎么没有人去骂他呢？

越越：那坑儒的事怎么说？那可是几百条人命啊！

李斯：几百条人命算什么？当年白起大败赵军，坑杀四十万赵国士兵。与这个比起来，始皇帝的“坑儒”算是十分仁慈了。

越越：（汗）真是佩服您雄辩滔滔的口才呀！难怪陛下这么器重您，还把他的女儿嫁给令公子李由。听说李由回家探亲的时候，文武百官都来朝贺，门前的马车都快挤不下了。

李斯：（一只食指压在嘴唇上，压低声音）这事连你们都知道了啊！（懊恼地）哎呀，这可如何是好？

越越：怎么啦？

李斯：我李斯原是上蔡的平民，陛下不嫌弃我，把我提拔到这样高的地位，可以说是富贵荣华到了极点。然而盛极必衰，谁知我最终的归宿又会在何方？（站起身）我看今天的访谈就到这里吧，下次再聊！

越越：好吧！李大人，后会有期！

广告铺

迁居通告

始皇帝有令，迁移三万户居民到北河以北、榆中一带进行农业种植和开发，凡是迁移的住户都授予爵位一级，以资奖励。被选中的住户请尽快到当地县衙进行备案，以便统一管理。

大秦御史府

小儿冠礼通知

明日小儿赵鸿就满二十岁了，按照大秦礼仪，作为父亲的我将在家中为他举行一场盛大的冠礼（即成人礼），届时欢迎各位亲朋好友前来参加。

城北赵老爷

关于官吏犯罪的处罚条例

大秦朝廷有令，严查官吏的以下三条过失。

一、徇私枉法。

二、无故释放囚犯。

三、将无辜的人下狱。

凡是犯有以上罪行的官吏，一经查出，将发配到北方去修长城，或者到南越地区戍守边境。望广大官员能奉公守法，严格约束自己的行为。

大秦廷尉署

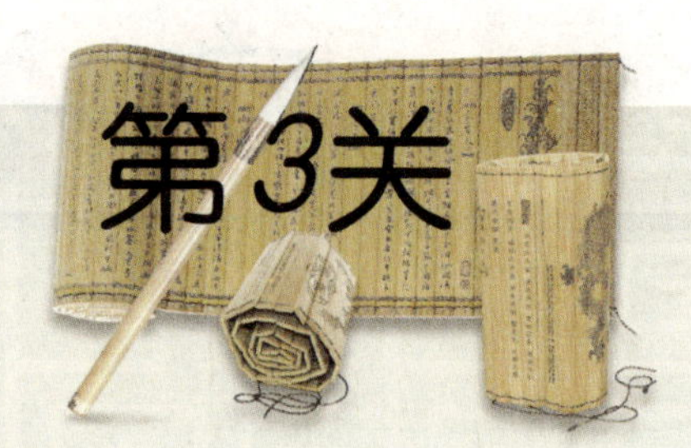

智者无敌 王者为大

1. 秦朝是怎么处理六国的铁质兵器的？
2. 秦始皇统一天下后，将六国的富豪迁移到了哪里？
3. 中国第一个自称“皇帝”的人是谁？
4. 秦始皇把原六国的文字统一改什么了？
5. 秦始皇统一度量衡，规定一两为多少钱？一斤为多少两？
6. 向秦始皇建议设置郡县的人是谁？
7. 皇帝专用的印章叫什么？
8. 秦朝的“三公九卿”指的是哪些职位？
9. 秦始皇主持修建的最长的道路叫什么？
10. “灵渠”沟通了哪两条水系？
11. 秦始皇为了连通大西南地区修了哪条道路？
12. 秦始皇修建长城的目的是什么？
13. 哪项工程是在秦始皇刚继位就开始修建的？
14. 秦始皇命谁率领三十万大军北击匈奴？
15. 向秦始皇建议焚书的人是谁？
16. 公子扶苏因为什么事得罪了秦始皇，被派到上郡去监军？

第10期

公元前220年—公元前211年

巡游天下

秦始皇卷

穿越报

CHUANYUE BAO

【烽火快报】

- 泰山封禅

【叱咤风云】

- 巡游路上二三事
- 徐福寻仙记
- 一只大铁锤从天而降

【文化广场】

- “问鼎”的典故

【名人有约】

- 特约嘉宾：嬴政

【广告铺】

- 通缉令
- 通告
- 收徒广告

穿越必读 CHUANYUE BIDU

秦始皇是一个热衷巡游的皇帝。每隔一段时间，他就要出巡一次，饱览名山大川，宣扬帝王威德，好不过瘾。泰山封禅，徐福寻仙，当然也少不了刺客在等着他……

泰山封禅

——来自齐郡的加密快报

公元前219年，齐郡传来一个消息，始皇帝巡游来到了泰山，准备在这里举行一场盛大的封禅典礼。

所谓“封禅”，是指帝王为祭祀天地举行的一种仪式，“封”就是祭天，“禅”就是祭地。世人认为，群山之中泰山最高，为“天下第一山”，所以人间的帝王要到泰山上去拜祭天地，才算受命于天。

当天，始皇帝乘着马车，带着齐、鲁两地的儒生、博士七十多人，来到山脚下。那些儒生在底下议论说，古代天子封禅，坐的是用蒲草裹住车轮的马车，以免损伤山上的草木土石；祭祀的时候要先扫地，铺上用农作物茎秆做的席子。

始皇帝没想到搞个仪式，竟有这么多繁文缛节，很不高兴。一怒之下，他将所有儒生喝退，自己乘车从泰山南面登顶，举行了封禅仪式，并命人在石头上刻上文字，为自己歌功颂德。然后又从北面下山，到梁父山去行禅礼，完全不理会儒生们的议论。

唉，记者完全不明白，在经历焚书坑儒的大难之后，这些人为什么还敢去摸老虎的屁股呢？难道当始皇帝是病猫吗？

巡游路上二三事

虽然一路走来，有儒生在旁边煞风景，但始皇帝外出巡游的路上，也发生了几件有意思的故事。

据说始皇帝完成泰山封禅仪式后，从山上下来，走到一个叫五松亭的地方，忽然间乌云密布，电闪雷鸣，大雨倾盆而下。

始皇帝一行人来不及躲避，被淋成了落汤鸡。正当大家手忙脚乱的时候，忽然有人发现前面有一棵大松树，散开的树枝足以遮蔽好几亩地，于是赶紧向始皇帝汇报。

始皇帝喜出望外，连忙下令去松树下躲雨。

没过多久雨停了，始皇帝心情大好，在百官面前夸赞起这棵松树，说："这棵树为朕挡雨，功劳不小，朕要封它为五大夫！"

就这样，这棵树很荣幸地得到了始皇帝的封赏，成为了有史以来第一棵有爵位的松树。

一路上，始皇帝游览名山大川，好不过瘾，直到几个月后，才打算回咸阳。经过彭城的时候，他听说古代的九鼎就沉没在泗水之中，便想把它们打捞上来。

相传九鼎是大禹命人铸造的，分别象征着天下九州。在夏、商、周三代，它们均被视为象征国家政权的宝器，因此，在打捞之前，始皇帝郑重其事地沐浴斋戒和祭祀，然后命人潜到水中寻找九鼎，可是派了足足一千人下去，却什么都没找到。

始皇帝只好放弃打捞，向西南渡过淮河，到达衡山、南郡，再乘舟抵达湘江，准备去祭祀湘君。

突然，湘江上刮起一阵大风，差点把船掀翻。始皇帝认为这是湘江的神灵在作怪，于是问身边的博士："湘君是个什么样的神仙啊？"

博士回答："听说她是尧帝的女儿，舜帝的妻子，死后就葬在这里。"

听了这话，始皇帝十分震怒，一个小小的神仙怎么敢阻挡天子的去路呢？于是，他派了三千名囚犯将湘山上的树木全砍了，直到露出赤红色的土壤和石块，才大摇大摆地回咸阳去了。

你为朕挡雨有功，朕封你为五大夫。

秦

你敢行刺朕，朕要诛你九族。

陛下怎么跟树和水说话？他脑子是不是坏掉了？

徐福寻仙记

始皇帝东巡到达的最远的地方是琅邪。琅邪位于渤海之滨，面朝大海，景色很美。始皇帝一眼就喜欢上了这个地方，一住就是三个月。为了更好地欣赏海景，他还命人造了一座琅邪台。当然，立碑刻字，为自己歌功颂德也是少不了的。

在琅邪，始皇帝遇见一个叫徐福的人。这人博学多才，通晓医学、天文、航海等知识，在当地有很高的名望。据说，他还是鬼谷子先生的关门弟子，在风水、气功和修仙等方面也有很深的造诣。

徐福告诉始皇帝，海上有蓬莱、方丈、瀛洲三座仙山，山上有神仙居住。据说，三座仙山就在渤海之中，距离人间并不远。只是凡人一靠近，大风就会把船吹走。尽管如此，还是有人到达过这三座仙山，见过山上的神仙，传闻山中还有长生不老之药。

始皇帝龙颜大悦，于是命徐福带领五百名童男童女，预备了三年的粮食、衣物、药品和耕具，乘坐一艘叫“蜃楼”的大船入海求仙。

后来徐福多次出海，耗资巨大，每次却都空手而归。始皇帝勃然大怒，要治他的罪。

徐福撒谎说：“海上风势不顺，虽然没有到达仙山，但已经可以望见了。”

始皇帝心中大喜，又给了他大量钱财，派他再次出海寻找仙药，可是这一次，徐福依然一无所获。

面对始皇帝的再次质问，徐福不紧不慢地答道：“这次没能到达仙山，主要是因为有一条大鲛鱼挡住了我们的去路，所以必须杀掉这条大鱼，才能取得仙药。”

因为求药心切，始皇帝再一次相信了他的话，并亲自坐船来到海上，看见海里果然有一条巨大的鲛鱼，于是命人拿来一副强弩（射程更远、威力更大的弓箭），亲自把那条大鲛鱼给射杀了。

这样一来，寻仙的障碍全都扫除了。始皇帝满怀期待，再一次命徐福率众出海，寻找传说中的仙药。

可结果却令始皇帝大失所望，彻底死了心，因为徐福这一去，就再也没回来。

徐福去哪儿了？

徐福这次出海寻找仙药还没回来，该不会出什么事了吧？要知道这仙山可不是那么好去的，海上风大浪急，处处凶险，真不知道他们还能不能平安回来。

李仙姑

张道长

听说最近海上风浪特别大，连常年出海的渔民都被淹死了好几个。大概是因为徐福他们带去的礼物不够多，所以触怒了海上的神仙。神仙一发怒，发了几个大浪，船可能都被掀翻了。我看呀，徐福他们八成掉进海里淹死了。

你们这些人，一不读书，二不种地，整天就知道胡说八道。这世上哪有什么神仙呢？所谓的长生不老之说，纯粹是无稽之谈。我看徐福分明就是个大骗子，始皇帝一时糊涂才会上他的当。

赵书生

陈大夫

海上到底有没有仙山我不知道，我只听说徐福没有死。据说，他的船一直向东航行，到了一个叫“平原广泽”的地方。那里气候温暖、风光秀丽，当地的百姓热情善良，所以徐福干脆留了下来，在那里自立为王，还教当地人耕地、捕鱼、捕鲸和沥纸的方法，再也不回来了。

一只大铁锤从天而降

始皇帝巡游天下，饱览山水，万人簇拥，要多风光有多风光，相信很多人都羡慕得不得了。可是，却很少有人知道，这一路上也有不少人正伺机刺杀他。

公元前218年，始皇帝第三次巡游天下，经过一个叫博浪沙（今河南省原阳县东郊）的地方，这里沙丘起伏，马车走起来十分困难，速度比平时要慢得多。而且这里南北两面都是河流，两岸芦苇丛生，正是刺客埋伏的好地方。

果然，当车队走到一个沙丘附近的时候，一只大铁锤（铁椎）从天而降，正好砸中一辆六驾马车。车子瞬间被砸得粉碎，车里的人也一命呜呼了。

始皇帝就这样被杀了吗？当然不会。对行刺这种事，始皇帝可谓“经验丰富”，所以他一早就做好了万全准备。

原来，秦朝时皇帝乘坐的马车是由六匹

马拉的，大臣乘坐的马车是由四匹马拉的。所以，光是看马车刺客就能判断出哪个是皇帝专车。

可是，我们的始皇帝怎么会这样不小心呢？

为了迷惑刺客，他早就叫人多准备了几辆马车，每辆车都配六匹马，这样一来，刺客就无法锁定目标了。

所以那个大铁锤砸中的，不过是始皇帝的替身罢了。

尽管幸运地逃过一劫，始皇帝还是吓得面无血色，立即下令追杀刺客，可惜只捉住了扔铁锤的大力士，而真正的幕后指使人早就逃之夭夭了。

奇怪的老头

穿穿老师：

您好！我是韩国人张良。我本是韩国贵族子弟，祖父和父亲都是韩国丞相，到了我这一辈，韩国就被秦国灭了。我无时无刻不想着为国报仇，刺杀始皇帝。

前一阵子，我找到一个大力士打算用铁锤刺杀始皇帝，可惜锤错了人。眼看事情败露，我只好找地方躲了起来。

每天躲在屋里闷得慌，我便时不时出门透透气。前几天，我走到一座桥上，遇见一个怪老头。他见我走过来，故意把鞋子扔到桥下，要我捡回来替他穿上，我照做了。他又叫我五天后的清早在桥上等他，到了那天，他来得比我早，还数落我来晚了。他让我五天后再来，结果这一次他还是比我早，要我下次再早点来。

唉，真是个奇怪的老头，你说他是不是故意捉弄我呢？现在始皇帝正派人到处追捕我，要是我因此暴露了身份，那可糟糕了。穿穿老师，你说我还要不要去赴约呢？

张良

张良：

您好！首先我认为您先别急着报仇，这一次刺杀失败，始皇帝一定有了防范，再想杀他就更难了，搞不好还会丢了性命。

不过，您说的这个怪老头倒不是始皇帝的人。他叫黄石公，是一位著名的隐士，应该不会如此无聊去捉弄你。我认为，他这么做是在考验您的诚心，您如果五天后能早早赴约，说不定会有意外的收获哦！祝您好运！

《穿越报》编辑 穿穿

【五天后，张良赶在老人前面到桥上。老人送给他一本《太公兵法》，张良仔细阅读，受益匪浅，并最终帮刘邦夺得了天下，成为“汉初三杰”之一。】

“问鼎”的典故

大家知道，九鼎分别象征着九州，也就是整个中原。而问鼎，则是指图谋夺取天下。不过，你知道“问鼎”这个典故是怎么来的吗?

相传夏朝初年，夏王禹把天下划分为九州，下令九州的首领贡献青铜，铸造了九个大鼎，并将九州的名山大川、奇异之物都刻在上面，一鼎象征一州。而九鼎，则象征着国家统一和至高无上的王权。

春秋时期，东周王室逐渐衰弱，强大的诸侯开始觊觎（jì yú）九鼎。公元前606年，楚庄王借讨伐犬戎的机会，一直打到洛水边上，直逼周朝国都。楚庄王把部队驻扎在洛水，时不时检阅一番，在周天子脚下耀武扬威。

周定王急得直跳脚，赶紧派遣使者王孙满前去慰军，顺便打探一下虚实。

楚庄王见了使者，挑衅道：“我听说周王室有九个大鼎，不知它们有多重啊！”

楚庄王询问九鼎重量，分明是想夺取周朝的天下。

王孙满听出了他的企图，便回答说：“一个国家的强大在于施行德政，而不是穷兵黩（dú）武。如今周朝虽然衰弱，但天命没有改变。九鼎的轻重，还是问不得的。”

楚庄王听他这么一说，有些忌惮起来，心想要是真开打了，楚国也不一定能占到什么便宜，于是便退兵了。

就这样，王孙满凭借自己的机智拯救了国家，而“问鼎”的典故也从此流传了下来。

越越 大嘴记者

嬴政 特约嘉宾

嘉宾简介：他有雄才伟略，但对待臣民冷酷残暴；他既勤于政事，又喜爱巡游。他对自己的功德充满自信，又为自己的命运暗自担心。他就是秦始皇，一个真实而传奇的多面帝王。

越越：陛下您好。这几年您一共进行了四次大巡游，一路游览名山大川，想必一定很好玩吧！

嬴政：嗯，还行。朕的江山真是美不胜收呀！以前朕每天待在宫里头，闷都闷死了，这几年出来透透气，也算一饱眼福啦！

越越：之前就听说您是一位勤政的皇帝，可是这几年，您却抛开政务，频繁地外出巡游，我想，您应该不止是游山玩水这么简单吧？

嬴政：（点点头）朕早说过你有三公九卿之才，看来真没看走眼。其实，朕外出巡游主要是为了宣扬德威。要知道，天下初定，如果不能让天下人知道朕的功业，他们又怎么会臣服呢？

越越：所以您就到处刻碑文，宣扬您的文治武功？什么《琅邪台刻石》《碣石刻石》，我特地跑去看了一遍，浑身起鸡皮疙瘩。我想问，您平时都是这么夸自己的吗？

嬴政：这都是李斯他们的主意，朕说了不让写，可他们就是不听！

越越：（嘀咕）得，都推李斯身上了！

嬴政：你不相信？那些石刻可都

出自李斯的手笔，你对比一下笔迹就知道。

越越：（心想，难道您老人家还亲自去刻不成？）呵呵，我信，我信还不成吗？对了，我听人说，您非常喜欢祭拜神灵，可有这样的事？

嬴政：祭拜神灵有什么不对吗？我大秦能统一天下，不就是因为有神灵庇佑吗？

越越：（惊讶地）您真相信这个世界上有鬼神吗？

嬴政：那是当然，不然哪来的长生不老药啊！

越越：敢情您这么想长生不老呀！

嬴政：天底下谁不想长生不老？如果能长生不老，那大秦江山就永远在朕的掌控之下了。

越越：（摇头）要是找不到长生不老之药呢？您总得为以后做打算吧！我听说您连太子都没立，敢问您最看好哪位皇子？

嬴政：你们这些记者，就爱到处挖消息。告诉你吧，我一共有十几个儿子，其中胡亥最讨我喜欢。

越越：这么说，他是您心目中的太子人选了？

嬴政：（摇头）虽然朕最喜欢胡亥，可他没那个实力，不是当皇帝的料。朕的大儿子扶苏很有远见，又对我忠心，要说当皇帝，他最合适了，只不过他心肠太软了……

越越：那您到底打算立谁呀？

嬴政：这事朕都不急，你急什么？

越越：您难道没有听说，最近天上出现了荧惑守心（火星停留在天蝎座旁边）的异象，预示着将有大事发生呀！

嬴政：什么大事？

越越：这个嘛……

嬴政：快说！

越越：大家都说这预示着皇帝驾崩！

嬴政：你好大的胆子！来人啊！把他拖出去砍了！

越越：（逃之夭夭）

广告铺

通缉令

朝廷有令，有刺客欲在博浪沙用铁锤行刺皇上，其中一人已被处死，其同党是一名年轻瘦弱的男子，现已经逃往下邳（pī）等地。如有人能提供相关线索，朝廷重重有赏。如有隐瞒不报者，视作同党，一并处以死罪。

大秦廷尉署

通告

始皇帝有令，要在琅邪建立一座观礼台，以祭拜齐地八神，即天主、地主、兵主、阴主、阳主、月主、日主和四时主，其中四时主祠要建在琅邪台上。望齐郡郡守及各地方官认真执行，不得有误。

大秦御史府

收徒广告

本人深得祖辈真传，精研成仙之道多年，并掌握一种人死之后，尸解骨化升天之术。只要学会了这门技艺，等死了以后，你就能化骨升天，成为长生不老的仙人。如今我年纪已大，就快成仙了，因此想在成仙之前收上几名徒弟，以免秘术失传。此次收徒名额有限，如有想学者，请速速报名。

宋大师

（编者注：“尸解骨化升天之术”在《资治通鉴卷第七·秦纪一·秦始皇帝二十八年》中有所提到。）

穿越报

CHUANYUE BAO

【烽火快报】
- 始皇帝是病了，还是驾崩了？

【绝密档案】
- 被隐瞒的死讯

【叱咤风云】
- 沙丘政变，李斯变节
- 蒙氏兄弟的悲惨命运

【名人有约】
- 特约嘉宾：赵高

【广告铺】
- 后妃陪葬诏书
- 新帝登基公告
- 平民不得戴冠

第11期

公元前210年

始皇之死

秦始皇卷

穿越必读 CHUANYUE BIDU

在最后一次巡游的路上，始皇帝不幸病逝，临死前，他决定传位于公子扶苏，并将诏书交由宦官赵高保管。然而，赵高却因为害怕失去权势，串通李斯，发动了一场“沙丘政变”，将另一位公子胡亥送上了皇位。

始皇帝是病了，还是驾崩了？
——来自平原津的加密快报

公元前210年，从平原津传来一个消息，始皇帝病倒了。

奇怪，前不久始皇帝还好好的，带了一群人巡游天下。他们先是到达云梦，祭拜了葬在那里的舜帝，然后乘船顺长江而下，一路向西，行驶了一百二十里，到达会稽山，在那里祭祀禹帝，并在巨石上刻字，歌颂始皇帝的功德。

行程结束后，始皇帝准备返回咸阳，当到达一个叫平原津的地方时，他突然生病，卧床不起。

为了给自己祈福，始皇帝派蒙毅返回会稽山，以天子的名义，沿途祭祀山川神灵。

接下来几天，始皇帝照旧每日批复百官的奏章，处理国家大事，这多少让人放心了一些。只不过，始皇帝只在车里处理事务，从此不再露面。

这种反常现象引起了一些人的疑心，甚至有传言说，始皇帝已经驾崩了！

为了确认消息的真实性，本报记者将火速赶往平原津，为大家揭示真相。

被隐瞒的死讯

本报记者快马加鞭赶到平原津，暗中进行了一番调查。结果令人大吃一惊——原来始皇帝真的已经驾崩了，躲在车里的人是一个宦官。

这到底是怎么回事呢？

原来，始皇帝生前很讨厌别人提到“死”字，因此在他病重的时候，没一个人敢提醒他交代后事。直到感觉自己快不行了，始皇帝才写了一封诏书给公子扶苏，让其赶快回咸阳来参加丧礼。

始皇帝的意思很明显，这是叫扶苏回来继位。可是，他还是不甘心就这样把皇权交出去，认为自己还有得救，于是没有及时把诏书发出去，而是暂时存放在宦官赵高那里。没过多久，始皇帝就在沙丘宫平台（今河北省邢台市广宗县）驾崩了。

由于皇帝是在外面驾崩的，为了避免朝中发生变故，丞相李斯就想隐瞒皇帝的死讯，等回咸阳后再公布。

为了掩人耳目，李斯将始皇帝的棺材放在凉车中，让一个宦官在旁边守着，每天都按时送饭。百官呈上的奏折，也由这个宦官来批。

整件事情进行得极为隐蔽，除了赵高、李斯、公子胡亥和几个皇帝的贴身宦官，谁也不知道始皇帝已经驾崩了。

那么，始皇帝的遗体能顺利返回咸阳安葬吗？他的皇位又会由谁来继承呢？请大家继续关注本报报道。

沙丘政变，李斯变节

始皇帝一死，赵高就打起了歪主意。他素来与蒙恬、蒙毅兄弟不和，而扶苏又与蒙恬走得近，假如让扶苏继位，赵高肯定地位不保。

这时，赵高想到了此次陪始皇举出巡的胡亥，如果能将他扶上皇位，就谁也不用怕了。于是，赵高找机会对胡亥说："皇上去世了，除了给长子扶苏一封诏书外，其余的皇子什么都没有。这意味着公子扶苏将登基做皇帝，而你却连半尺封地都得不到，这该怎么办呢？"

胡亥说："这是父皇的意思，我能怎么办呢？"

见他不开窍，赵高继续说道："并非如此。如今陛下驾崩，天下大权都在你、我和李斯手里掌握着呢！你好好考虑一下，统治别人和被人统治，你选哪一个？"

胡亥说："废兄立弟，这是不义；不遵父命，这是不孝；靠别人的帮助而勉强登位，这是无能。

这三件事都是大逆不道的，天下人不会服从，我也跟着遭罪，搞不好连国家都要灭亡。”

赵高耐心劝道：“当年商汤、周武王弑君自立，没见别人说他们的不是，卫君杀掉自己的父亲，百姓还歌颂他的功德呢！成大事者不拘小节，顾忌小事而忘了大事，日后必生祸害。关键时刻犹豫不决，将来一定要后悔，果断而大胆地去做，就一定会成功，所以你还犹豫什么呢？”

最终，胡亥被说动了。赵高说：“这件事如果不和丞相商议，恐怕不能成功。”于是，他自告奋勇去找李斯。

见到李斯后，赵高开门见山地说：“皇上去世前，赐给公子扶苏一封诏书，命他速回咸阳参加丧礼，这是想立他为继承人。现在还没人知道这件事，诏书和符玺都在胡亥手里，立谁为太子只在你我一句话。您看这件事该怎么办呢？”

李斯大惊：“这是亡国之言啊，你怎么能说出这种话来！”

赵高不以为意，接着问道：“您自己估摸一下，和蒙恬相比，你们谁更有本事？谁的功劳更高？谁更有谋略？天下百姓更拥戴谁？谁与公子扶苏的关系更好？”

李斯老实地回答：“这些方面我都不如蒙恬。”

赵高继续说道：“既然如此，只要扶苏继位，他一定会任用蒙恬为丞相，就没您什么事了。而您一旦下台，家人也会跟着遭殃，到时后悔就来不及了。胡亥仁慈忠厚，我觉得他才是皇帝的最佳人选。希望您再慎重考虑一下！”

就这样，李斯也被赵高说动了，答应帮他伪造诏书，立胡亥为太子（史称“沙丘政变”）。

你和蒙恬相比，谁更有本事？
蒙恬。
谁的功劳更高？
蒙恬。

谁更受百姓爱戴？
蒙恬。
谁与扶苏的关系更好？
蒙恬。

你看你，什么都比不过人家，还不赶紧跟我合作！

孝子的悲哀

穿穿老师：

您好！我是始皇帝的长子扶苏。我刚刚接到了父亲的诏书，一看，简直五雷轰顶。诏书说我和蒙恬将军带领几十万军队，驻守边疆十几年了，不但没立下半点功劳，还一直被动挨打，导致士兵伤亡众多。而且我还多次上书，诽谤皇上的所作所为，因为不能回去当太子，日夜怨恨咒骂皇上。我为人臣而不忠，为人子而不孝，所以让我自杀谢罪。

穿穿老师，我真是冤枉呀，诏书上所说的事情，大都言过其实。可如今父皇想让我死，我也不敢不遵从，只是太不甘心了。

公子扶苏

扶苏公子：

您好！您先冷静一下，您不觉得这事有点怪吗？您仔细地想一想，皇上一直没有立太子，派蒙恬带领三十万大军守卫边疆，又让公子担任监军，这说明皇上十分倚重您呀！既然如此，他又怎么会轻易杀掉您呢？

我认为使者的身份很可疑，希望您亲自去向皇上请示一下，等有了确定的回答之后，再死也不迟！

《穿越报》编辑 穿穿

【扶苏认为，父亲要儿子去死，无需再请示，于是拔剑自刎了。】

蒙氏兄弟的悲惨命运

被赐死的人除了公子扶苏，还有大将军蒙恬。与扶苏不同的是，蒙恬对诏书的真假提出了质疑，决定向皇帝申诉。可是传诏的使者根本不听，不但剥夺了他的军权，还把他关押在阳周（今陕西省子长县北）。

因为扶苏已死，胡亥觉得没有必要再关着蒙恬，想把他放出来，这时，正好碰上蒙毅替始皇帝祭祀山川归来，赵高早就对他恨之入骨，担心兄弟俩日后重掌大权，于是向胡亥进谗言，说："先帝早就想立你为太子，就是因为蒙毅捣鬼才没有实行。这种迷惑主子的人应该杀了，永绝后患。"

胡亥信以为真，派人把蒙毅拘押起来，同时打消了释放蒙恬的念头。

蒙家两兄弟均被囚禁，赵高这才放心，赶紧催促胡亥回咸阳继位。因为拥立有功，赵高被封为郎中令，新帝胡亥对他更是言听计从。

为了彻底除掉蒙氏兄弟，赵高不停地在胡亥面前诽谤他们，终于使胡亥动了杀念。

胡亥的侄子子婴听说了这件事，赶紧进宫劝阻，说诛杀忠臣是亡国之举。可是，胡亥根本听不进去。

胡亥派人对蒙毅说："先帝要册

立太子，你却从中阻挠。如今丞相认为你不忠，要降罪于你全家。朕不忍心，就赐你自杀吧！”

蒙毅认为自己没有罪，对使者说：“用道义治国的君王，不杀害无罪的臣民。”

可使者依旧把他杀了。

胡亥又派使者前往阳周，对蒙恬说：“你的罪过太多了，更何况你弟弟蒙毅也犯有重罪，故而依法要处死你。”

蒙恬心有不甘，便向使者诉冤，请他在皇上面前替自己申诉，使者不敢回应。蒙恬叹息一声，说：“上天啊，我到底做错了什么，没有犯罪也要被处死？”

过了很久，他又自言自语说：“唉，我的罪过本该受死啊。西起临洮，东到辽东，总共一万余里的长城，其间不可能没有挖断地脉，这便是我的罪过呀！”

说完，他就吞药自杀了。

就这样，蒙家两兄弟均含冤而死，给人们留下了无数唏嘘感慨。

蒙恬的功过是非

张屠夫： 蒙将军赤胆忠心，为朝廷不知立下多少汗马功劳，到头来却被朝廷杀掉了。他到底有什么罪过呀？

史官夫人： 我听我家大人说，要说蒙将军一点罪过都没有，那也是不对的。他至少有一条罪，那就是修长城。始皇帝刚刚灭掉六国，蒙恬身为朝中重臣，不尽力劝谏皇帝抚恤百姓，反而迎合始皇帝的心意，大规模地修筑长城。如此劳民伤财，又有多少人因此丧命，实在不该啊！

商人陈老板： 没错，始皇帝作恶的时候，蒙恬甘受他的指挥，由此可见，蒙恬也不是什么好人。不过，作为臣子他忠贞不渝，一心为主，还是很值得称道的。

李书生： 总之，蒙恬这个人有功也有过，三言两语很难说清楚，时间会给出公正的评价，我们还是留给后人去评说吧！

越越 大嘴记者

赵高 特约嘉宾

嘉宾简介：秦朝宦官。他精通律法，能说会道，凭借三寸不烂之舌，成功说服了李斯，发动“沙丘政变”；他伪造诏书，逼死扶苏，一步步登上权力的巅峰，连皇上也对他言听计从。他就是当朝郎中令——赵高。

越越：赵大人，您好！听说先帝早在巡游的时候就驾崩了，这里我想向您讨教一个问题。

赵高：（微笑）你们这些记者也太厉害了，连这样绝密的消息都能打听到。不过，如今新皇已经继位，也没什么好隐瞒的了，有什么问题就问吧！

越越：我想问的是：当时天气那么热，先皇的遗体要从那么远的地方运回咸阳，路上肯定会腐烂发臭，您就不怕被人发现吗？

赵高：哈哈！这个问题问得好！当时始皇帝的尸体的确已经腐烂，发出阵阵恶臭，那气味十里以外都闻得到，能不引人注意吗？

越越：那怎么办啊？

赵高：（笑）好办！我命人去集市上买来大批咸鱼，放在装有始皇帝遗体的车上，这样一来，咸鱼的臭味掩盖了尸体的臭味，大家就不会怀疑了！

越越：（竖起大拇指）高明！那接下来应该要风光大葬了，想必葬礼也是难得一见的，能给大伙说说吗？

赵高：嘿嘿，你最好不要见到！

越越：（挠头）为什么呀？

赵高：告诉你吧，为了不让人泄露帝陵的秘密，工匠们都被关在了里面；还有那些

嫔妃，只要没生孩子的，全都要陪葬。

越越：啊？这么恐怖啊！算了，那我还是别见了。那我们说点别的吧。像您这样的成功人士，一定有些不同寻常的经历吧？

赵高：（长叹一声）别人只会看到我现在的成功，哪里会想到我当年的悲惨啊！

越越：不会吧，您不是始皇帝的亲戚吗？

赵高：我们家与秦王室的确沾点亲，只是后来我父亲犯了罪，母亲受到牵连，沦为奴婢，我们兄弟几个也就跟着成了贱民，处处受人歧视（用袖子擦泪）……

越越：（递上一块手帕）您别太伤心了，如今您位极人臣，吃点苦也是值得的。

赵高：（咬牙切齿）哼！我吃的苦，要让他们千倍万倍地还回来！

越越：得饶人处且饶人，大人如今享尽荣华富贵，皇帝对您如此宠信，何不放他们一条生路？

赵高：哼，别人可以，蒙氏兄弟不行！当年他们兄弟俩仗着权大势大，欺我太甚！

越越：此话怎讲？

赵高：当年我还是中车府令的时候，犯了点小错，先皇把我交给蒙毅审问。没想到蒙毅二话不说，竟然判了我一个死刑！要不是先皇看我做事勤勉认真，饶了我一命，我哪能活到今天呀！

越越：蒙毅也是秉公处理，既然陛下都法外开恩了，您又何必记恨，将他们赶尽杀绝呢？

赵高：这你就不懂了，斩草不除根，春风吹又生。你要是不彻底消灭敌人，以后他们一旦翻了身，怎么可能放过我？

越越：（小声嘀咕）果然是心狠手辣。

赵高：（不悦地）你在说什么？

越越：没，没什么。

赵高：哼，道不同，不相为谋。我还有事，先告辞了（甩甩袖子，起身离开）！

广告铺

后妃陪葬诏书

始皇帝将于九月下葬于骊山皇陵，后宫中凡是未曾生育过子女的妃嫔，一律要为始皇帝陪葬！

秦二世胡亥

新帝登基公告

始皇驾崩，天下同悲，太子胡亥文成武德，据始皇遗诏，由胡亥继承皇位，并于明日午时在咸阳宫举行登基大典。请所有朝臣按时参加典礼，不得有误。为了庆祝新皇登基，朝廷决定大赦天下，以飨（xiǎng）万民。

大秦御史府

平民不得戴冠

再强调一遍，我大秦王朝只有王公贵族、朝廷官员等上层人士才有资格戴冠（即帽子），平民百姓一律只能戴巾（即包头布），希望大家自觉尊守此条规则，如有违反者，必当严惩。

大秦奉常府

穿越报

CHUANYUE BAO

第12期

公元前209年—公元前206年

秦朝灭亡

秦始皇卷

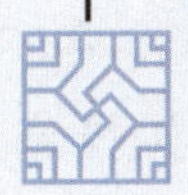

穿越必读 CHUANYUE BIDU

秦二世胡亥昏庸无道、残暴不仁，任由奸相赵高胡作非为，导致民怨四起，并引发了中国历史上第一次大规模的农民起义。秦始皇一手建立起来的帝国顷刻间土崩瓦解。

公子与公主的噩梦

——来自咸阳的加密快报

公元前209年，咸阳传来一个骇人听闻的消息：二世皇帝胡亥将他所有的兄弟姐妹都处死了！

消息一出，天下震惊。这到底是怎么回事呢？

原来，胡亥自当上皇帝后，每天只知寻欢作乐，挥霍无度。他还对赵高说："人的一生实在太短暂了，如果在有生之年，不能享尽人间欢乐，满足自己所有的欲望，又有什么意思呢？"

这话说到赵高心里去了，于是他趁机对胡亥说："陛下说得没错，只是沙丘之谋，诸位公子和大臣们都在怀疑。臣每每想到这里，就胆战心惊，生怕发生什么变故。试问心腹大患若不除，陛下又怎能安乐一世呢？"

胡亥连连点头，问他该怎么办。

赵高说："陛下应该严行法令，把心怀不满的大臣和公子、公主们全部除掉，同时提拔心腹，安排要职。这样一来，陛下才能高枕无忧，纵情享乐！"

胡亥采纳了赵高的建议，把事情交给他去办。于是，一场噩梦上演了：十二位公子被当街砍头，十位公主也逐一被处死，其中牵连受害的人不计其数。

秦朝离灭亡不远了

穿穿老师：

您好！我是秦朝的一名普通百姓。记得始皇帝在世的时候，就喜欢大兴土木，修长城、建阿房宫，繁重的徭役和赋税压得我们喘不过气来。如今始皇帝死了，我们以为换了个新皇帝，日子会好过些。可没想到，二世刚即位不久，就下令继续修建阿房宫，还征调了大批年轻的劳动力去戍守边疆。

现在，老百姓的生活不但没有得到改善，反而比以前更苦了。这样的日子什么时候才能到头呢？穿穿老师，我们的生活还有希望吗？

佃农　老李

老李：

您好！秦二世和赵高狼狈为奸，压迫百姓，残害大臣，连手足同胞都杀了个一干二净。由于朝廷里没人敢出来劝阻，他才会如此肆无忌惮，变本加厉地鱼肉百姓，他比起始皇帝，可以说有过之而无不及。

天下人饱受秦二世的折磨，积怨已久，随时都有爆发的可能。一旦爆发，大秦便离灭亡不远了，请您务必耐心等待！

《穿越报》编辑　穿穿

农民兄弟起义啦！

公元前209年，因为不堪忍受秦二世的暴政，一场规模宏大的农民起义终于在安徽大泽乡（今安徽省宿州市东南刘村集）爆发了。事情的经过是这样的：

公元前209年七月，朝廷征调九百名壮丁去驻守渔阳（今北京市密云西南），并从壮丁中挑了两个身材高大、办事能力强的人当屯长，这两个人一个叫陈胜，是个长工；另一个叫吴广，是个贫苦农民。

陈胜是个很有志气的人。他年轻时给别人耕田，有一次休息的时候，坐在田埂上感叹说："假如谁将来富贵了，可不要忘记大家伙啊！"

同伴们都笑着回答："你一个给人耕田的，还妄想富贵呢！"

陈胜叹息着说："唉！燕子、麻雀这类的小鸟怎么能理解大雁、天鹅的远大志向呢！"

话说陈胜和吴广一行人走到大泽乡，天忽然下起大雨，道路不通，耽误了规定的期限。按照秦朝律法，误期是要杀头的。

大家都急得团团转。只有陈胜表现得十分冷静，他和吴广商量说："迟到是死，逃跑是死，起来造反也是死。反正都是死路一条，不如临死

前干一番轰轰烈烈的大事业。听说楚国大将项燕和公子扶苏受人爱戴，我们就以他们的名义起义，一定会有很多人响应的。”

两人说干就干，找来一根白布条，用朱砂写上“陈胜王”三个字，悄悄塞进鱼肚子里。第二天，众人剖开鱼肚子的时候，发现了里面的布条，都惊讶不已。

到了晚上，吴广躲到附近一座古庙里，点起篝火，模仿狐狸的声音喊道：“大楚兴，陈胜王。”意思是说，楚国要复兴，陈胜要称王。

深更半夜听到这种怪叫，众人既惊奇又害怕。第二天，大家议论纷纷，都认为这是上天的旨意，都表示愿意为他效力。

为了除掉押送的官员，吴广故意多次扬言逃跑，官员很生气，抽了他一顿鞭子，吴广趁机反抗，把官员杀掉了。

陈胜号召大家说：“各位在这里遇上大雨，误了期限，按规定是要杀头的。即使不被杀头，将来戍守边防，也好不到哪里去。死并不可怕，但是要死得其所，那些王侯将相难道天生就比我们高贵吗？”

众人听得热血沸腾，齐声说：“我们愿意听您差遣！”

于是陈胜将他们组织起来，一举攻陷了大泽乡，接着一路攻城略地，队伍不断壮大。陈胜看时机差不多了，便自立为王，国号张楚。

也许有人会问，与秦王朝相比，起义军的力量是否太弱小了？他们能撼动秦朝的统治吗？敬请关注接下来的报道。

星星之火，可以燎原

陈铁匠：

自从陈胜、吴广在大泽乡揭竿而起，全国各地义军纷纷响应。听说沛县有个叫刘邦的亭长和一帮朋友也造反了。他们一举攻下沛县，抢了不少武器，也拉了不少人马，如今大家都叫他“沛公”呢。

李书生：

不止“沛公”！楚国人项梁也响应了。听说他是楚国大将军项燕的儿子。项梁不愧是忠良之后，他和侄儿项羽一起斩杀了会稽郡郡守，夺走他的官印，周围的侍卫吓得一动不动，纷纷表示归顺。如今整个会稽郡都被他们拿下了。

某茶商：

嘿嘿，还有齐国的田儋（dān），他原本是齐王的后人，看到各地都揭竿而起，于是也起兵造反，光复了齐国。还有赵国人韩广，他带兵攻下了燕国的旧地，自立为燕王。总之，各地纷纷脱离秦朝的统治，眼看秦王朝就要土崩瓦解了。

刘博士：

秦朝之所以这么快就到头了，都是因为统治者昏庸残暴而造成的。天下百姓早已怨声载道，反抗是迟早的事。秦二世的好日子终于到头了，老百姓终于有希望啦！

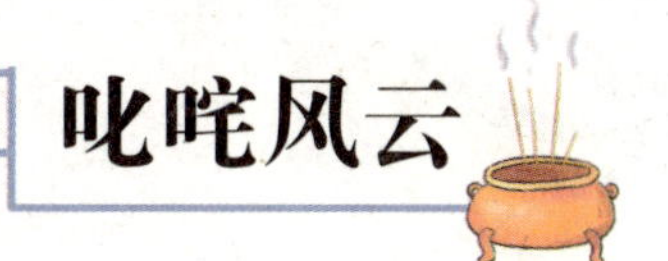

暴君的下场

起义军都快打到咸阳了，这个时候，皇帝胡亥在做什么呢？如果你认为他正想办法对付起义军，那就大错特错了。

赵高曾向胡亥进谗言：“陛下还年轻，在朝堂中难免会犯错，一旦犯错，就等于向大臣暴露了自己的短处，这样就无法显示您的圣明了。所以陛下不妨长居深宫，等待大臣把奏章呈上来，由我们一起讨论决定。这样一来，陛下就能避免犯错，天下人也会认为您圣明了。”

其实，赵高是因为害怕别人告他的状，才出了这个馊主意，可胡亥竟然相信了他的话，从此不再上朝，整天待在后宫作乐，大权都落在了赵高手里。

丞相李斯对此很不满，三番五次地劝谏皇帝，又上书弹劾赵高，可胡亥不但不听，还把李斯抓了起来，交给赵高处置。

赵高给李斯安了个造反的罪名，把他杀掉了。

李斯死后，赵高接任了丞相。从此无论大事小事，一律由他做主。他想知道朝中哪些大臣忠于他，哪些大臣反对他，于是便想出了一个办法。

一次朝会上，赵高献给胡亥一只鹿，却对他说这是一匹好马。胡亥听了不禁笑起来，说：“这明明是只鹿，你怎么说是马呢？”

可赵高坚持说是马，胡亥便问在场的大臣。因为害怕赵

高的权势，很多人都随声附和，只有少数人说真话。

事后，赵高将说是鹿的人一律杀死，说是马的则加以重用。

胡亥长居深宫，对外面发生的事一无所知，等他发觉不妙的时候，起义军已经快打到咸阳了。胡亥惊慌失措，派人去责问赵高。

赵高害怕了，暗中和女婿阎乐、弟弟赵成商量说：“如今事情紧急，皇帝想把过错推给咱们，咱们不如先下手为强，废掉皇帝，改立子婴为天子。子婴仁爱谦和，百姓都拥护他。”阎乐和赵成都点头称是。

于是，赵高派阎乐带领一队人马，以捉贼为名闯入皇宫，见人就杀，一直杀到胡亥跟前。

胡亥又惊又怒，大喊救驾，可没有一个人敢动。

胡亥问身边的一个太监：“事情竟到了这个地步，你为什么不早点告诉朕？”

太监战战兢兢地回答：“正因为小人没有说，才得以保住性命，如果说了，早就被陛下杀了，哪能活到今天？”

胡亥这才恍然大悟，便想见赵高一面，但被阎乐拒绝了。

胡亥可怜兮兮地求饶："我不当皇帝了行吗？只做个郡王，或者万户侯也行。"

阎乐依然不答应。

胡亥苦苦哀求说："只要能放我一条生路，我愿做一个平民百姓。"

阎乐仍旧拒绝了，说："我是奉丞相的命令，为了天下百姓来诛杀你，你说再多也没用。"

胡亥彻底绝望了，没等士兵上前，就拔剑自刎了。昏庸残暴的秦二世终于得到了应有的下场。

陛下，这是
我送给你的马。

丞相，你也太
搞笑了，这明明就
是鹿嘛！

你们说说看，
这是鹿还是马？

马！

完了完了，我
肯定得了白内障！

越越 大嘴记者

刘邦 特约嘉宾

嘉宾简介：他原本是个小混混，整天混吃混喝，还混了个亭长来当，身边有数不清的“狐朋狗友”。陈胜、吴广起义后，他受到启发，从此有了奋斗目标——诛灭暴秦。他是谁？他就是沛公刘邦，大秦王朝的终结者。

越越：沛公，您太猛了，这么快就快进入咸阳了！效率这么高，有什么秘诀吗？

刘邦：（摸摸胡子）哎，哪有什么秘诀呀！只是手下能人多罢了，比如说萧何啦、张良啦，多亏他们帮忙，不然我哪有这么快啊！

越越：张良？是那位在博浪沙刺杀始皇帝的张良吗？

刘邦：正是。

越越：怪不得您这么强，原来连张良这样的人才也招来了。不过那位萧何，有点陌生，可否介绍一下呢？

刘邦：要说萧何呀！他跟我可是同乡。当年我是泗水的亭长，他是县里的功曹（即狱吏），我们性格很合得来，就成好朋友了。

越越：原来你们都是大秦的官员啊，那应该维护秦朝的统治才对，怎么干起了反秦的事情呢？

刘邦：唉，秦朝的皇帝太残暴了，百姓们哪里受得了。为这样的皇帝打工，那是助纣为虐呀！

越越：可是丢掉这样的铁饭碗，您不觉得很可惜吗？

刘邦：当时也没有想什么饭碗不饭碗了的，只想做点好事。

越越：能具体说说嘛？

刘邦：那时我不是亭长吗？有一次我奉命押送囚犯和劳役去骊山修皇陵，结果走到半路，好多人都逃跑了，我估计走到骊山，人都跑光了，所以干脆把剩下的人全放走了。

越越：那您回去怎么向上头交差呢？

刘邦：哈哈，我也跑了呀！傻瓜才等着上头来抓呢！有的犯人愿意跟着我，我就带他们一起跑。后来听说陈胜、吴广起义了，我们就正式反了。

越越：太厉害了！这才没多久，您的起义军就已经发展得这么大了。皇上那边有什么反应吗？

刘邦：赵高派人来找过我。

越越：他来找您做什么？

刘邦：嘿嘿，他想和我握手言和，他承诺，只要我放弃攻打咸阳，就与我共分天下。

越越：哇，这个诱惑够大！您该不会动心了吧？

刘邦：（正气凛然地）动心，这不是侮辱我吗？大秦有今天，全拜赵高所赐。像这样的奸臣，应该碎尸万段才对！我怎么能和他同流合污？

越越：说得没错。不过，听说赵高已经被秦三世子婴处死，现在是子婴主持大局。大家都说他为人宽厚仁义，说不定在他的领导下，百姓就能过上好日子了。您是否考虑一下跟他讲和？

刘邦：只怕太迟了。

越越：此话怎讲？

刘邦：天下人都知道我刘邦起兵了，就算子婴再怎么仁义，也不会放过我，所以事到如今，除了推翻秦朝，我已经无路可走了。

越越：也就是说，您还是要攻进咸阳去？咸阳的老百姓可都是无辜的呀！一旦打起来，必定会死伤无数呀。

刘邦：这也是我所担忧的，所以，如果子婴投降就好了，我承诺绝不伤他性命。而且等进了城，我会严格约束手下，绝不扰民。

越越：太好了！听您这么说，我就放心了！我现在就去将这个好消息告诉咸阳的老百姓，让他们都来欢迎您！

刘邦：好，那就有劳你了！

（公元前206年十月，刘邦率军直逼咸阳，子婴出城投降，秦朝正式宣告灭亡。）

广告铺

告示

丞相李斯玩忽职守，导致全国盗贼四起，罪无可赦！且李斯的儿子李由担任三川太守期间，任由叛军横行霸道而不阻止，还与敌人私通，背叛朝廷。今下令诛其三族，以儆效尤。

秦二世胡亥

约法三章

秦朝的严刑苛法太多，父老乡亲们都受累了。如今秦朝灭亡，为了使百姓们安心，我与大家约法三章：杀人者处死，伤人者和抢劫者依律治罪。除此之外，秦朝的律法统统废除，所有官衙继续保留，所有官吏原职留任。

刘邦

粮食调拨通告

由于咸阳守卫增多，现城中粮食紧缺，因此皇上下令，从各郡县调拨豆类、谷物、饲草、禾秆到都城。押送粮草的民夫须自带口粮，咸阳城三百里范围内不准食用这批谷物。违令者，杀无赦。

御史府

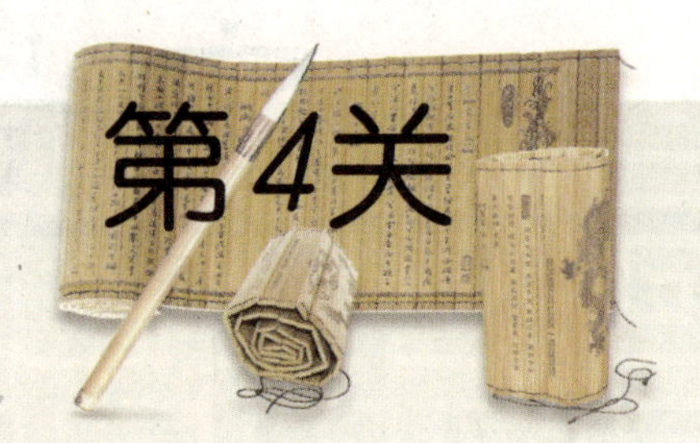

智者无敌 王者为大

1. 秦始皇泰山封禅是在哪一年？
2. 秦朝时，据传海上有三座仙山，分别是哪三座？
3. 徐福出海寻仙所乘坐的船只叫什么？
4. 策划行刺秦始皇的人是谁？
5. 张良用什么方法刺杀秦始皇，结果如何？
6. 黄石公送给张良的书叫什么？
7. 秦始皇第五次巡游时，由哪位皇子陪同出行？
8. 与胡亥、赵高合谋制作假诏书的人是谁？
9. 公子扶苏怎么死的？
10. 谁劝说胡亥不要杀蒙恬？
11. 始皇帝的遗体在运回咸阳的途中发臭，赵高等人用了什么方法来掩人耳目？
12. 大泽乡起义的领导者是谁？
13. 胡亥是怎么死的？
14. 各路起义军中，最先攻入咸阳的是谁？
15. 秦朝正式灭亡是在哪一年？

智者为王答案

第1关答案

1. 秦始皇。
2. 异人（子楚），后来成为秦庄襄王。
3. 公元前259年
4. 秦国、齐国、楚国、燕国、赵国、韩国、魏国
5. 为了自己获取荣华富贵及地位。
6. 秦襄公因保卫周王室立功，战后被封为诸侯，并得到土地。
7. 十三岁。
8. 荀子。
9. 缴纳一千石粮食，授给一级爵位。
10. 《吕氏春秋》。
11. 姓嬴。
12. 公元前238年。
13. 是。
14. 李斯。
15. 一是可以灌溉良田四万余顷，二是可以改善盐碱地的土地质量。
16. 自杀。

第2关答案

1. 荀子。
2. 被李斯毒死的。
3. 李牧。
4. 法家。
5. 《韩非子》。
6. 燕国督亢地图和樊於期的人头。
7. 田光。
8. 筑。
9. 将他杀了，并把其头颅献给秦王。
10. 王翦、王贲父子。
11. 唐雎。
12. 六十万人。
13. 被活活饿死。
14. 齐国。
15. 白起、廉颇、李牧、王翦。

智者为王答案

第3关答案

1. 打造成农具，租给农户使用。
2. 咸阳。
3. 秦始皇嬴政。
4. 小篆。
5. 一两十钱，一斤十六两。
6. 李斯。
7. 玉玺。
8. “三公”是指丞相、太尉和御史大夫；“九卿”指的是奉常、郎中令、卫尉、太仆、廷尉、典客、宗正、治粟内史和少府。
9. 驰道。
10. 长江水系和珠江水系。
11. 五尺道。
12. 防止匈奴南下入侵。
13. 始皇陵（骊山陵）。
14. 蒙恬。
15. 李斯。
16. 谏阻秦始皇焚书坑儒。

第4关答案

1. 公元前219年。
2. 蓬莱、方丈、瀛洲。
3. 蜃楼。
4. 张良。
5. 张良命一个大力士将一个大铁锤砸向秦始皇的马车，结果秦始皇不在那辆马车里，躲过一劫。
6. 《太公兵法》。
7. 胡亥。
8. 李斯。
9. 接到假诏书后自杀身亡。
10. 子婴。
11. 买来一车咸鱼放在车上，以咸鱼的臭味掩盖尸体的臭味。
12. 陈胜、吴广。
13. 赵高的女婿阎乐逼宫，最后自杀而亡。
14. 刘邦。
15. 公元前206年。

秦始皇生平大事年表

时间	年龄	大事记
公元前259年	一岁	嬴政出生于赵国都城邯郸。
公元前247年	十三岁	秦庄襄王死，嬴政继位。
公元前238年	二十二岁	行加冠礼，正式执掌朝政，同年平定嫪毐叛乱。
公元前230年	三十岁	灭韩国，俘虏韩王安。
公元前228年	三十二岁	灭赵国，俘虏赵王迁。
公元前227年	三十三岁	遭荆轲刺杀，差点丧命。
公元前225年	三十五岁	攻破大梁，灭魏国。
公元前222年	三十八岁	灭楚国，俘虏楚王刍，同年灭燕国，俘虏燕王喜。
公元前221年	三十九岁	占领齐国，完成统一大业，称“始皇帝”，分天下为三十六郡。统一文字、货币、度量衡。
公元前220年	四十岁	第一次巡游天下。
公元前219年	四十一岁	第二次出巡，巡游东南郡县，泰山封禅。
公元前218年	四十二岁	第三次出巡东游，在博浪沙遇刺客
公元前215年	四十五岁	第四次巡游北部边地，同年派将军蒙恬发兵三十万北击匈奴。
公元前214年	四十六岁	派将军蒙恬修筑长城。
公元前213年	四十七岁	在全国范围内焚书。
公元前212年	四十八岁	修直道，坑杀四百六十多名儒生。
公元前210年	五十岁	第五次出巡，病逝于沙丘平台。同年胡亥即位，称秦二世。四年后，秦朝灭亡。

图书在版编目(CIP)数据

一统天下秦始皇 / 彭凡著.—北京 ：化学工业出版社，2015.7（2025.3重印）

(历史穿越报)

ISBN 978-7-122-23998-3

Ⅰ. ①一… Ⅱ. ①彭… Ⅲ. ①秦始皇（前259-前210）-生平事迹-少年读物 Ⅳ.①K827=2

中国版本图书馆CIP数据核字（2015）第104415号

责任编辑：丁尚林 刘亚琦　　文字编辑：李 曦

责任校对：陈 静　　装帧设计：尹琳琳

出版发行：化学工业出版社（北京市东城区青年湖南街13号 邮政编码100011）

印　　装：天津裕同印刷有限公司

710mm×1000mm 1/16 印张12 2025年3月北京第1版第32次印刷

购书咨询：010-64518888 售后服务：010-64518899

网　　址：http://www.cip.com.cn

凡购买本书，如有缺损质量问题，本社销售中心负责调换。

定　　价：29.80元